Bettina Markones

ICH SPÜR BANANE BLAU

Bettina Markones

Ich spür Banane blau

Focusing in der Arbeit mit Kindern

Mit einem Vorwort von Klaus Renn

arbor

Arbor Verlag
Freiburg im Breisgau

1. Auflage 2022
Lektorat: Judith Mark
Titelbild: galitskaya / istockphoto.com
Umschlaggestaltung und Satz: mediengenossen.de
Druck und Bindung: Eberl & Kœsel, Krugzell
Dieses Buch wurde auf 100 % Altpapier gedruckt und ist alterungsbeständig.
Weitere Informationen über unser Umweltengagement finden Sie unter
www.arbor-verlag.de/umwelt

www.arbor-verlag.de

ISBN 978-3-86781-372-3

INHALT

VORWORT

Von der Autorin Bettina Markones schimmert in diesem Buch immer wieder ihre Liebe zu Kindern durch und zugleich ihre reichhaltige Erfahrung. Nichts ist hier bloße Theorie. Die präzisen und zugleich einfach zu praktizierenden Anleitungen sowie eine besondere Art der Beziehung führen dazu, dass das Innere von Kindern und Erwachsenen individuell und wesentlich antworten kann.

Das Buch ist an Eltern und an professionelle Begleiter:innen von kindlichen Prozessen adressiert. Inspirierend ist es aber auch für alle, die mit Erfahrungen arbeiten, welche »inneres Kind« genannt werden.

Der Ansatz von Bettina Markones ist Focusing bzw. Focusing-Therapie: eine Achtsamkeits-Methode, eine Haltung in Mindfulness, ein erlebensbezogener psychotherapeutischer Ansatz. Focusing bezieht sich auf die allen Menschen innewohnende Fähigkeit, eine spezielle Art von körperlicher Resonanz entstehen zu lassen. Focusing bewirkt, dass sich gestoppte Erlebensprozesse in einem erlebten, wohltuenden inneren Raum fortsetzen können. Dabei wird frische Energie spürbar und ein tiefes So-Sein-Dürfen erfüllt den ganzen Körper und die gesamte Person. Kinder und Jugendliche erfahren die innere Resonanz von Erlebensprozessen noch unmittelbarer als wir Erwachsenen.

Bettina Markones hat den Ansatz von Focusing und Focusing-Therapie auf einmalige Weise in die Kinderwelt übersetzt. Dabei wird Focusing noch kreativer, beweglicher und körperlicher, als es ohnehin schon ist. Malen, Schreiben, Basteln, Singen, Spielen, Musizieren, Bewegen, Skulpturieren … all das gehört zu den kreativen, kindgemäßen Ausdrucksformen, zu denen uns Bettina Markones ermutigt und hinführt.

Inspiriert wurde Bettina Markones von der Pionierin des Kinderfocusings, Martha Stapert. Stapert hat Focusing mit Kindern erstmals in den 1980er-Jahren praktiziert und 2008 beschrieben. Die Niederländerin Martha Stapert konnte ihre kindorientierte Arbeit mit Focusing in der internationalen Focusingszene bekannt machen. Bettina Markones lernte Martha Stapert in einem Workshop kennen und wusste in einer tiefen inneren Bewegung sogleich, dass sie hierher gehörte. Zwischen den beiden Frauen ergab sich eine herzliche, kreative und lebenslange Freundschaft.

Martha übergab Bettina all das, was sie erarbeitet hatte. Damit konnte Bettina den Staffelstab aufnehmen und mithilfe ihrer Erfahrungen in Schule, Weiterbildung und Lehre das Kinderfocusing in Praxis und Theorie weiterentwickeln. Jetzt legt sie uns dieses Buch vor.

Ihnen wünsche ich viel Freude beim Lesen.

Mit herzlichen Grüßen

KLAUS RENN

Leiter des Deutschen Focusing Institutes (DFI),

www.deutsches-focusing-institut.de

1

DIE GRUNDLAGEN

»Ich spür Banane blau«

Diesen Satz hörte ich vor vielen Jahren bei einem achtjährigen Mädchen. Seit ich ihn aufgeschnappt habe, begleitet er mich, weil er für mich die Welt des Focusing mit Kindern auf gelungene und poetische Weise zusammenfasst.

Ich gab in einer Familienbildungsstelle eine Zeit lang Kurse für Kinder. Jeder dieser Kurse entwickelte sich auf seine Weise. In dem Kurs, aus dem diese Aussage stammt, waren die Kinder völlig begeistert von Naturerfahrungsspielen im Zusammenhang mit Focusing. So entstand die Idee, am Ende der gemeinsamen Zeit ein Fest zu feiern, das mit lauter Wahrnehmungsübungen gestaltet werden würde.

Auch das gemeinsame Essen, das bei einem Fest ja nicht fehlen darf, sollte in irgendeiner Form eingebunden werden. So baute ich ein Buffet auf, das aus Obst, Gemüse und einigen kleinen Leckereien bestand, alles in mundgerechte Stückchen geschnitten. Neben Zahnstochern zum Aufpiksen der Lebensmittel gab es Forscherblätter. Dies waren DIN-A4-Blätter, in sechs kleine Felder eingeteilt; für jedes probierte Lebensmittel war ein Feld vorgesehen. Die Kinder durften sich natürlich so viele Forscherblätter nehmen, wie sie wollten. Die Einladung an die Kinder war, beim Essen eines Stückchens Obst, Gemüse oder etwas anderem zu spüren, wie sie das innerlich erlebten. Sie hatten ja im Verlauf des Kurses geübt, wie sie so ein körperlich spürbares Fühlen über »das Ganze von Etwas« finden konnten. Es war ein heiteres Treiben an dem Tisch mit dem Essen. Kosten, Schmecken, Malen geschah in einer bunten, fröhlichen Abfolge. Wer Kohlrabi nicht mochte, nahm davon nichts. Wer ausprobieren wollte, ob die roten, gelben, weißen und grünen Gummibärchen gleiches Erleben bewirkten, der musste wohl oder übel viermal zugreifen. Die Bäuche füllten sich mit den guten Häppchen und die Blätter mit bunten Klecksen, Formen und Gestalten.

Am Ende des Festes kamen die Eltern dazu und ließen sich von den Kindern erzählen, was sie gespielt und ausprobiert hatten. Dabei hörte ich, wie ein Mädchen seiner Mutter das Forscherblatt vom Buffet erklärte. Als es auf einen blauen Fleck zeigte, erklärte es: »Das war die Banane.« Die Mutter erwiderte: »Aber Bananen sind doch gelb.« Gelassen und doch mit Klarheit kam der Satz: »Ich spür Banane blau.«

Die ruhige Selbstsicherheit, mit der das Mädchen sprach, zeigte mir, dass Focusing Kinder stärken und in ihrer Entwicklung unterstützen kann. Sie lernen, auf ihr Erleben zu vertrauen und es auch auszudrücken. Für die meisten Kinder ist Focusing im wahrsten Sinne des Wortes kinderleicht. Sie haben oft noch einen guten Zugang zu ihren Empfindungen und Gefühlen.

ICH

Der Satz beginnt mit dem Wort »ich«, und das ist gut und stimmig. Es geht schließlich um dieses bestimmte Kind, ein anderes würde vielleicht schon beim Anblick einer Banane die Nase rümpfen und weitergehen. In dem Satz schwingt auch das Wissen mit: »Für mich ist Banane blau, für dich vielleicht ganz anders.«

Focusing unterstützt die Identitätsbildung des Kindes. Es lernt, auf seine Empfindungen, Gefühle und seine Intuition zu achten. Durch die Grundhaltung des Begleiters erfährt das Kind, dass es in Ordnung und willkommen ist, so wie es ist.

Vor allem aber lernt das Kind, innezuhalten und zu spüren, was gerade in ihm vorgeht. Von dort aus kann es bemerken, dass es ein »Ich und meine Wut, Angst …« gibt. Das bedeutet, dass die Emotionen nicht mehr völlig überwältigend sind. Es ist und bleibt ein langer Prozess, bis ein Kind so viel Selbstkompetenz erworben hat, dass es seine Emotionen gut regulieren kann und genug Selbstvertrauen hat, auf eigene Lösungswege zu vertrauen. Je nachdem, wie heftig die jeweiligen Emotionen sind, wird dies mal besser, mal schlechter gelingen.

Aber es beginnt mit der Klarheit: Hier bin ich, und ich habe Empfindungen, Emotionen, Themen, die ich wahrnehme und spüre.

SPÜR

Genau darum geht es im Focusing: spüren, was gerade in mir passiert. Wie wirkt die Situation, mit genau diesen Menschen und Dingen, auf mich? Was kann ich hierzu körperlich wahrnehmen, was löst es in mir aus? Es können z. B. Emotionen auftauchen, Imaginationen oder etwas ganz anderes. Es können auch Gedanken kommen, dies sind aber vermutlich andere als die, die beim bloßen Nachdenken auftauchen würden.

Ich kann mich gut an Kinder erinnern, die als Konsequenz für »schlechtes Verhalten«, z. B. Raufereien, einen Besinnungsaufsatz schreiben sollten, um ihre »Fehler« zu überdenken. Meist saßen sie völlig überfordert vor dem Blatt oder sie wussten, was der Erwachsene hören wollte. Der abschließende Satz, in dem eine halbherzige Entschuldigung stand und Besserung versprochen wurde, hatte nichts mit dem Kind zu tun. Wenn das Kind in einem Gespräch sagen darf, wie zu der Auseinandersetzung kam, wie es sich vorher, dabei und hinterher gefühlt hat, dann kann das etwas in ihm bewirken. Ich habe häufig erlebt, dass dadurch Einsichten kommen, aus denen eine ernst gemeinte Entschuldigung oder ein aufrichtiger Vorsatz entstehen.

BANANE

»Banane« ist wie ein Platzhalter für alle Themen des menschlichen Lebens. Zu jedem Wort, Gegenstand, zu jedem Menschen oder jeder Situation kann man eine körperliche Resonanz finden. Statt »Banane« könnte da auch »meine Freundschaft mit X«, »Alles über meine Arbeitsstelle« oder »Der Streit mit Y« stehen. Das Vorgehen ist immer das Gleiche: Da bin ich und da ist das Thema; zu diesem kann ich etwas in mir spüren.

In meinem Beispiel geht es um Bananen. Ein Wort, das einen bestimmten Gegenstand bezeichnet. Es gibt eine klare Übereinkunft in unserer Sprache, welche Frucht damit verbunden ist. So verbindet jeder Mensch mit diesem Wort das gleiche Obst. Damit endet aber auch schon das Gemeinsame. Denn jeder Mensch hat ein anderes Bild zu der Frucht, unterschiedliche Erinnerungen, gespeicherte Geschmacks- und Geruchsvorstellungen. All das taucht auf, ohne dass es ins Bewusstsein kommen muss, wenn jemand das Wort hört. In der Focusingübung zur Banane ging es darum: Allem, was mit Banane verbunden ist, Zeit und Gelegenheit zu geben, in irgendeiner Form aufzutauchen.

In der Anleitung hört sich das ungefähr so an: »Nimm jetzt das Stückchen Banane, rieche daran und iss es dann in deinem Tempo. Vielleicht erinnerst du dich an irgendetwas, was du mit Bananen erlebt hast, oder du weißt auch schon einiges über Bananen. Alles, was für dich zu Bananen dazugehört, darf dazukommen. Und du spürst einfach, wie es dir geht, ob du etwas in dir bemerken kannst.«

BLAU

Das Kind spürt Banane blau. Wenn ich zu einem Thema eine körperliche Resonanz suche, so ist diese erst einmal vage und ohne Sprache. Verweile ich länger bei diesem körperlichen Spüren, so bildet sich daraus etwas, was in irgendeiner Form ausgedrückt werden kann. Häufig sehe ich spontane Bewegungen, die vielleicht nur ganz klein sind. Oder das Kind fängt an, etwas zu erzählen, was ihm zu dem Thema eingefallen ist. Farben zum Ausdruck zu benutzen fällt den Kindern eher leicht und gibt dem Ganzen immer einen spielerischen Charakter. Es geht nicht darum, eine richtige oder falsche Antwort zu geben. Diese Kategorien sind überflüssig und nicht anwendbar. Wer kann beweisen, dass ich Banane nicht blau spüre? Das nimmt Angst und schafft Freiraum, der ja zum Spüren unbedingt notwendig ist. Der Satz hätte auch heißen können: »Ich spür Banane laut« oder »Mich macht Banane traurig«. Es hätte auch ein Geräusch kommen können wie »Mhh«.

Das körperlich Gespürte kann ich auf viele Arten ausdrücken; mit dem, was da kommt, lässt sich dann weiterarbeiten, wenn es nötig ist. In diesem Beispiel war nichts Weiteres notwendig. Es ging um leichtes Tun, mit Freude und Genuss. Ich selbst hatte lange die Vorstellung, Focusing wäre nur für Probleme und schwere Themen. Als ich anfing, in Konzerten focusingorientiert zuzuhören, bemerkte ich, dass ich den lebens- und genussvertiefenden Aspekt von Focusing unterschätzt hatte. Seitdem bin ich immer mehr auf der Suche, wie ich Focusing so anwenden und lehren kann, dass Freude und Leichtigkeit einen großen Raum einnehmen. Das Schwere kommt sowieso von selbst, die Kinder bringen es mit. Das darf dann da sein und es kann sich auch verändern. Mein Job ist es, dabei zu bleiben, bis klar wird: Das Leben ist nicht nur grau, sondern bunt, und jedes Kind spürt Banane in seiner ganz eigenen Farbe.

Warum arbeite ich mit Kindern?

Wenn ich mit Kindern arbeite, möchte ich, dass sie verstehen, was ich mit ihnen tue. Und noch wichtiger ist mir, dass ihnen klar ist, warum ich etwas mit ihnen mache. Das heißt aber nicht, dass ich ihnen Vorträge halte und sie mit Worten überflute. Vielmehr suche ich immer wieder danach, wie es einfach zu erklären ist. Am besten ist, wenn ich etwas finde, bei dem ich auf eigene Erfahrungen der Kinder zurückgreifen kann.

Arbeite ich mit einem einzelnen Kind, das ein eigenes Anliegen hat, so braucht es oft kaum Erklärungen. Aber die meisten Kinder kommen nicht aus eigenem Antrieb zu mir. Oft haben sie Ängste vor dem, was wohl passieren wird. Dann ist es gleich am Anfang gut, ihnen zu erklären, was sie erwartet.

Ein normaler Haushaltsgummi leistet mir immer wieder gute Dienste. Ich ziehe ihn mit zwei Fingern langsam auseinander und frage dabei das Kind, ob es so etwas kennt und schon einmal in der Hand gehabt hat. Manchmal braucht es keine Fragen, die Mimik der Kinder oder ein erschrockener Ausruf zeigt, dass sie wissen, was jetzt passieren kann. Ich führe die Finger zusammen und erkläre: »Mit uns Menschen ist es nicht viel anders. Wir spannen uns an, um etwas zu schaffen. Aber irgendwann müssen wir auch wieder entspannen.« Dabei lasse ich den Gummiring wieder langsam zusammengehen. Wenn das Kind mag, kann es gerne einen der bereitliegenden Gummiringe nehmen und selbst damit spielen.

Wenn genügend sprachliche Kompetenz vorhanden ist, sammle ich mit dem Kind, wofür es sich anstrengt und was anstrengend in seinem Leben ist. Interessanterweise ist dies oft nicht das Gleiche.

Erneut spanne ich den Gummiring maximal, dann halte ich einen Moment inne. „Dies hier ist es, was ich mit dir tun möchte. Immer wieder ist es gut, einen Moment innezuhalten, nichts mehr zu tun. Dann kannst du spüren, was gerade in dir vorgeht. Brauchst du dringend etwas wie Entspannung, Freude, Kuscheln, Hilfe …?

Es kann aber auch sein, dass du bemerkst, dein Gummi hängt durch und hat gar keine Spannung mehr. Dann können es andere Dinge sein, die du brauchst. Vielleicht eine spannende Aufgabe, Ermutigung, einen Helfer … Wir alle um dich herum können das nicht wissen, und du musst es auch nicht. Aber du kannst es spüren, denn du steckst in deinem Körper, und der zeigt dir gerne, was du brauchst. Bei diesem Hinspüren auf den Körper möchte ich dich gerne unterstützen.«

Schreiben ist anders als Reden. Was hier als Block geschrieben ist, spule ich keinesfalls als Monolog ab. Ich versuche mit dem Kind von Anfang an in einen Dialog einzutreten. Äußerungen und Mimik des Kindes bestimmen, wie es weitergeht. Was ich zuvor geschrieben habe, ist das, was am Ende klar sein sollte.

Danach kann ganz leicht noch ein wenig zum Setting oder den Rahmenbedingungen gesagt werden. Kann – muss aber nicht, wie die Situation gerade so ist.

Arbeite ich mit Gruppen oder Schulklassen im Primarbereich, so ist Ida meine beste Assistentin. Ida ist ein roter Luftballon im gleichen Alter wie die Kinder. Zuerst stelle ich den schlaffen Ballon feierlich vor, dann fange ich an zu erzählen. Ich schildere einen Tag im Leben von Ida, mit angenehmen, aber deutlich mehr unangenehmen Begebenheiten. Jedes Mal, wenn Ida sich ärgert, puste ich kräftig in den Luftballon. Irgendwann rufen die Kinder »Vorsicht!«, »Nein!« oder »Hör auf!«. Das ist der Punkt, wo ich wieder in den Dialog mit den Kindern eintrete. Wie am Einzelfall beschrieben, erkläre ich mein Vorhaben.

Bei älteren Kindern und Jugendlichen ist eine Flasche mit kohlensäurehaltigem Getränk (Cola oder Limo) sehr gut geeignet zur Demonstration. Ich erzähle den Kindern, dass ich ahne, wie oft sie sich anstrengen müssen und dann doch enttäuscht oder frustriert sind. Während des Sprechens schüttle ich die Flasche. Dann sage ich: »Moment mal, jetzt muss ich schnell was trinken.« Spätestens, wenn ich mit der Hand an den Schraubverschluss greife, kommen Warnungen von den Kindern.

Die Kinder finden meist mehrere mögliche Strategien, wie mit der Colaflasche umzugehen ist. Abwarten – langsam, schrittweise den Druck entweichen lassen –, an einem sicheren Ort wie dem Waschraum öffnen.

Über diese unterschiedlichen Möglichkeiten kann ich wieder mit den Kindern oder Jugendlichen über meine Arbeit ins Gespräch kommen.

Bei all diesen Formen der Erklärung ist es wichtig, dass sie anschaulich, knapp und altersgemäß sind. Ida würde sich in einer Gruppe von 14-Jährigen nicht wohlfühlen – genauso wie andersherum.

Für Eltern

Gleich vorweg: Sie machen den wichtigsten und zugleich herausforderndsten Job. Ihre Schicht ist 24 Stunden lang an sieben Tagen pro Woche. Dass einem hier immer wieder der innere Freiraum verloren geht, ist nur allzu verständlich. Manchmal passieren dann genau die Dinge, die man niemals machen wollte: Man schreit das Kind an, sagt Sachen, die man gar nicht so meint, droht mit Strafen oder verhängt sie, verfällt in strafendes Schweigen oder entzieht auf andere Weise dem Kind das Gefühl von Sicherheit und Geliebt-Werden.

Hinterher geht es weder dem Kind noch dem Elternteil besser. Ganz im Gegenteil: Häufig fallen dann die inneren Kritiker über den Erwachsenen her und geben dem angeschlagenen Selbstwertgefühl noch etwas obendrauf. Sätze wie: »Du bist ja wie deine Mutter/dein Vater«, »Du hast dich einfach nicht im Griff« oder »Wie konntest du so was nur tun« kreisen in einem und machen alles noch schwerer.

Die Grundvoraussetzung für gelingende Beziehungen und damit auch für die Erziehung ist eigener innerer Freiraum. Aus diesem heraus können wir dem Kind begegnen und es auch in schwierigen Situationen unterstützen. Daher ist der wichtigste Focusing-Schritt, dass Sie immer und immer wieder für sich selbst und einen guten inneren Freiraum sorgen. Ich möchte Sie ermutigen, das nicht heimlich und mit Gewissensbissen zu tun, sondern in dem Bewusstsein, dass Sie gerade damit etwas Gutes für Ihr Kind tun.

Um Ihnen einen ersten Eindruck zu ermöglichen, möchte ich Ihnen eine kleine Achtsamkeitsübung vorschlagen. Im Focusing arbeiten wir immer mit dem eigenen inneren Erleben, von dort kommen die stimmigen Einsichten und Schritte.

Machen Sie es sich bequem und atmen Sie einige Male tief ein und aus. Der Stuhl, das Bett, der Boden trägt Sie. Sie können beim Ausatmen etwas Druck abgeben. Vielleicht bemerken Sie, was in Ihnen gerade besonders angespannt ist und können in der Vorstellung einen sanften Atem dorthin schicken. Es braucht sich nicht zu verändern, alles darf sein, wie es ist. Und der Atem geht wie von selbst: ein und aus.

Nun stellen Sie sich bitte eine Leinwand vor oder einen Bildschirm. Dort werden Sie gleich eine eher unangenehme Szene sehen. Prüfen Sie bitte für sich, wie weit der Abstand sein muss, damit Sie das ansehen können, ohne in die Szene und in die damit verbundenen Gefühle hineinzufallen. Wenn Sie den richtigen Abstand gefunden haben, möchte ich Ihnen noch sagen, dass Sie diesen jederzeit verändern können.

Nun lassen Sie auf der Leinwand einen Film ablaufen von einem der letzten Konflikte mit Ihrem Kind. Beobachten Sie aus der Distanz, wie eines zum anderen kommt und sich langsam aufschaukelt. Bevor es richtig schlimm wird, stoppen Sie bitte den Film.

Wie geht es dem Erwachsenen zu Beginn der Szene? Ist er oder sie entspannt, fröhlich, unbelastet? Vermutlich nicht. Können Sie spüren, was diese Person bräuchte? Zeit für sich, Entlastung, innere Balance, Verständnis von sich oder jemand anderem oder etwas ganz anderes?

Wenn Sie für sich klar haben, was diese Person brauchen würde, dann kommt etwas Magie ins Spiel.

Stellen Sie sich vor, dass auf wundersame Weise alles Belastende aufgelöst wäre. Niemand weiß, auf welche Weise es passiert ist. Aber dieser Erwachsene im Film hat, was er braucht, und ist ruhig und entspannt.

Können Sie spüren, wie diese Magie bei Ihnen wirken würde? Lassen Sie sich ein wenig Zeit, damit die Wirkung sich entfalten kann. Sie haben inneren und äußeren Freiraum und können auf Ihre eigenen Ressourcen zugreifen. Welches Repertoire an Möglichkeiten können Sie nutzen? Empathie, Zuwendung, Humor, Ablenkung, Gelassenheit, Zeit lassen, Festhalten können an Grenzen ...

Wie fühlt sich das an, wenn alles auf magische Art und Weise gelöst ist? Lassen Sie sich Zeit, das körperlich wahrzunehmen. Vielleicht ist es möglich, aus diesem neuen Körpergefühl heraus einen winzigen Schritt zu finden. Einen winzigen Schritt hin zu dem Gefühl, alles ist gelöst. Für den einen ist es ein Schritt in Richtung zeitliche Entlastung, für den anderen Menschen ein Schritt hin zu mehr Verantwortung teilen. Was auch immer Ihr Schritt ist, lassen Sie ihn klein genug sein, damit er gelingen kann. Manchmal braucht es Zwischenschritte, bis Sie einen wirklichen kleinen Schritt gefunden haben. Lassen Sie sich Zeit und warten Sie, ob etwas in Ihnen entsteht.

....

Eine Kollegin, Mutter von vier Kindern zwischen vier und 13 Jahren, entdeckte in der Supervision, dass sie nach dem Mittagessen allein einen Kaffee trinken wollte und ein Stückchen einer ganz bestimmten Schokoladensorte dazu essen. Bei ihrer familiären Situation war es schwierig, das zu etablieren. Aber der erste Schritt war getan: herauszufinden, was sie brauchte. Mit einer gewissen Beharrlichkeit konnte das Ritual dann installiert werden. Es waren nur zehn Minuten, aber diese waren sehr wichtig.

Selbstfürsorge ist ein wichtiger Aspekt gelingender Elternschaft. Mein Vater war früher Bergsteiger. Von ihm habe ich die Lehre: Selbstsicherung geht vor Fremdsicherung. Das gilt auch für Eltern.

Aus dieser Erfahrung heraus möchte ich Mütter und Väter ermutigen, sich im eigenen Alltag umzusehen. An welchen Punkten des Tagesablaufes braucht es kurze Zeiten für das eigene Wohlbefinden? Mit Kreativität und Humor finden sich Möglichkeiten. Wenn wir uns ausnahmsweise mal die Raucher als Vorbild nehmen: Irgendwie schaffen sie es, zu ihren Rauchpausen zu kommen. Das können Sie auch hinbekommen – ohne mit dem Rauchen anfangen zu müssen. Wichtig ist es, sich in diesem Bemühen nicht beirren zu lassen.

Neben dem Freiraum-Konzept finden Sie in diesem Buch noch viele andere Anregungen – auch wenn der Praxisteil primär für Menschen geschrieben ist, die im beruflichen Kontext mit Kindern zusammen sind.

Meine eigenen Kinder waren in der Pubertät, als ich Focusing kennenlernte. In dieser Zeit konnte ich sehr, sehr wenig Focusing mit ihnen machen. Nur die Grundhaltung half mir, manchmal anders zu reagieren, als ich es sonst wahrscheinlich getan hätte.

Ein gängiges Thema mit Jugendlichen ist ja die Zeit, wann sie wieder daheim sein müssen. Ich bat meine beiden Kinder häufig um einen zeitlichen Vorschlag, von dem sie meinten, dass er sowohl für sie als auch für mich in Ordnung wäre. Meist haben sie mich deutlich unterboten, was ich aber nie so formuliert habe. Eher habe ich es als Angebot ausgedrückt: »Wie wäre es, noch eine halbe Stunde länger zu bleiben?« Die Antwort war in den meisten Fällen: »Nein, das passt so.«

Ich hätte Focusing gerne schon gekannt, als meine eigenen Kinder klein waren. Umso mehr freue ich mich, wenn ich jetzt durch die langjährige Arbeit mit Erwachsenen und Kindern immer wieder erleben darf, wie sich die Kinderfocusing-Kompetenz stärkend auf Familien auswirkt.

Ich weiß von vielen Müttern und Vätern, dass sie sich von Übungen und Ideen, die sie in meinen Seminaren kennengelernt haben, inspirieren lassen und sie mit ihren Kindern ausprobieren.

So kann beim Bilderbuch-Vorlesen die eine oder andere Frage eingeflochten werden, genauso wie beim Märchen-Erzählen. Auch beim Puppenspiel kann das eigene Kind eingeladen werden, sich über Erlebnisse zu äußern.

Eine unserer Enkelinnen hat nie erzählt, wie es für sie im Kindergarten ist. Aber es war deutlich zu bemerken, dass irgendetwas sie bedrückte. So übernahm ich im Spiel mit den Playmobilfiguren die Kinder und eine Erwachsene. Ich ließ mich anleiten, wie ich nun damit einen Kindergarten spielen könnte. Anfangs war alles immer ganz ruhig und ideal. Dann verließ ich das vorgegebene Konzept und probierte einiges aus. Ich ließ Kinder frech werden, die Erzieherin schimpfen und einiges mehr. Nach jeder Änderung der Regieanweisung bat ich meine Enkelin um Rückmeldung, ob es so in einem Kindergarten sein könne. Mehr und mehr wurden die Anweisungen konkreter und es durften auch Streit und Ärger da sein. Am Ende war klar, dass die Kleine in einer Dreiergruppe von Mädchen war und es ständig ein Problem mit dieser Kombination gab.

Eines der Mädchen versuchte, dass abwechselnd eine der anderen beiden Freundinnen ausgeschlossen wurde. Die Lösung meiner Enkelin bestand darin, sich eine neue, zusätzliche Freundin zu suchen. Danach konnte sie auch wieder friedlich und ohne Ängste mit den beiden anderen spielen. Wenn die alten Machtspiele anfingen, ging sie weg und stürzte nicht mehr in Verzweiflung. Sie hatte gut für sich gesorgt.

Nun sind Eltern und Großeltern zwar keine Therapeuten und ich bin auch nicht dafür, dass Sie mit den eigenen Kindern Therapie machen. Dennoch fände ich es wunderbar, wenn Sie für sich mehr Wege entdecken, Ihren Kindern dabei zu helfen, auf ihre eigenen Lösungen von Schwierigkeiten zu kommen. Manchmal braucht es ein wenig Fantasie und den Mut, Anregungen für die eigene Situation zu verändern.

Dieser Text ist in der Zeit der Corona-Einschränkungen entstanden. Dazu hatte ich mit einem Enkelkind eine focusingorientierte Übung gemacht, weil klar war, dass wir uns jetzt erst einmal eine Zeit lang nicht treffen durften. Eine Kollegin las die Übung, da ich sie über Facebook weitergegeben hatte. Später schrieb sie mir, dass sie genau diese Übung genommen und auf ihre Scheidung und die Trennung der Kinder vom Vater angewandt habe. Dabei ist ein ganz schönes Ergebnis herausgekommen, wo neben der Trauer auch das Gute an der neuen Situation auf einmal klar wurde.

Daher möchte ich alle Eltern und Großeltern einladen, sich von den Materialien, Übungen und Anleitungen dieses Buches inspirieren zu lassen. Gleichzeitig ist es besonders wichtig, die Focusing-Grundhaltung zu leben. Wenn das Kind etwas verbal oder nonverbal ablehnt, so ist das sein gutes Recht. Nehmen Sie es gelassen, es ist in den allermeisten Fällen nur eine momentane Ablehnung, morgen kann es schon ganz anders sein. Es ist ein Kompliment an Sie, dass das Kind sich traut, abzulehnen. Und das Kind macht die wichtige Erfahrung, dass sein Nein von Erwachsenen akzeptiert wird. Schon damit haben Sie zur Stärkung Ihres (Enkel-)Kindes beigetragen.

Wenn es sich auf eine Idee oder eine Übung einlässt, dann ist das ein großartiger Vertrauensbeweis. Aber auch hier muss es möglich sein, Dinge nicht an- oder auszusprechen. Es geht nicht darum, was das Kind zu einem schwierigen Thema denkt. Es geht um den Umgang mit seinem Erleben zu dem Thema. Es gibt Kinder, für die ist die Trennung der Eltern ein großes Problem, andere wiederum kommen gut damit zurecht. Eine Klassenlehrerin erzählte mir: »Da ich wusste, dass sich die Eltern von O. getrennt haben, bin ich auf ihn zugegangen. Als ich ihn fragte, wie es ihm mit der neuen Situation ging, meinte er: Meistens geht es mir gut. Wenn ich mal traurig bin, dann mache ich den Trick von Frau Markones und dann geht es wieder.« Der »Trick«, auf den sich das Kind bezog, war Freiraum schaffen durch Malen. Dies hatte ich im Rahmen eines präventiven Klassenprojektes den Kindern gezeigt.

Um ein Kind oder Enkelkind mit Focusing zu unterstützen, müssen Sie noch nicht einmal direkt vor Ort sein; das Internet eröffnet ganz neue Möglichkeiten. Probieren Sie einfach mal etwas aus. Ich wünsche Ihnen, dass auch Sie dabei entdecken können, wie viel Spaß Focusing mit Kindern machen kann.

Für Erwachsenentherapeuten

Seit über 15 Jahren gebe ich Seminare und Workshops zu Focusing mit Kindern. Dort probieren die Teilnehmer miteinander viele Ideen, Übungen und Materialien aus. Gelegentlich schlage ich Rollenspiele vor, in denen einer der erwachsenen Teilnehmer die Rolle eines Kindes übernimmt. Besonders hilfreich ist dies bei Supervisionen oder supervisionsähnlichen Anliegen. So kann der Erwachsene, der z. B. Schwierigkeiten bei der Arbeit mit einem bestimmten Kind hat, dessen Rolle übernehmen. Dadurch hat er ein wenig die Möglichkeit, in das Erleben des Kindes einzutauchen.

Im Allgemeinen gebe ich bei den Übungen die Anleitung, Durchführung und Verwendung von Materialien vor. Aber ich weise häufig nicht direkt an, dass der Fokussierende sich in eine Kinder-Rolle hineinversetzt. Menschen, die mit Kindern arbeiten und/oder leben, schaffen diesen Transfer allein. Zudem weiß ich, dass die Art, wie in den Seminaren gearbeitet wird, die inneren Kinder der Teilnehmer anzieht. Damit bekommen die Übungen viel mehr Tiefe, da die Übenden auch auf das eigene kindliche Erleben zurückgreifen können.

Häufig ist die Rückmeldung an mich nach den Kursen, dass die Teilnehmer einen liebevollen und fürsorglichen Kontakt zu ihren inneren Kindern bekommen haben. Das bezieht sich auf die verletzten und bedürftigen Anteile, aber auch auf die fröhlichen und kreativen. Das Spielen und Gestalten in einer sicheren Umgebung kann helfen, Kontakt zu längst vergessenen Kraftquellen wie Malen, Schreiben oder anderen Bewegungsformen wiederherzustellen

Bei meiner Arbeit mit pädagogisch tätigen Erwachsenen außerhalb der Kurse habe ich anfangs eher traditionell, überwiegend mit Sprache gearbeitet. Dabei hatte ich öfters den Gedanken: „Wenn ich jetzt mit einem Kind zusammen wäre, würde ich aufhören zu sprechen. Stattdessen würde ich … (Malen, Sich-Bewegen, Puppenspielen etc.) vorschlagen. Irgendwann brachte ich das dann tatsächlich ein, anfangs aus dem Gedanken, dass es ja zum Arbeitsfeld passen würde. Immer wieder durfte ich erleben, wie dann auf einmal wieder Bewegung in festgefahrene Gespräche kam. So wurde ich allmählich mutiger beim Anbieten von gestalterischen Ausdrucksformen. Je selbstverständlicher ich solche Vorschläge brachte, umso eher wurden sie auch aufgenommen.

Ist in der gemeinsamen Arbeit ein Bild, Objekt oder Ähnliches entstanden, so tragen es die Erwachsenen mit derselben Freude und Behutsamkeit davon, die ich bei den Kindern sehe.

In meiner Focusing-Grundausbildung, die 20 Jahre zurückliegt, haben wir einmal gemalt. Ich weiß noch ganz genau, was ich dabei aufs Papier gebracht habe. Es war ein so wichtiger Schritt, den ich ohne den Auftrag zu malen in dieser Zeit vermutlich noch nicht getan hätte.

Irgendwann habe ich Klaus Renn, dem Leiter des Deutschen Focusing Instituts (DFI), von der Arbeit mit den Kindern erzählt. Vom Spielen, Malen, Geschichten erfinden, Essen erforschen und Matschen. Sein Kommentar war damals: »Eigentlich müssten alle Menschen mit Burnout auf diese Art wieder neu spüren lernen.«

Ich selbst arbeite überwiegend mit Kindern, weil für sie mein Herz schlägt. Aber ich mache die Erfahrung, dass diese Art, mit sich selbst und dem eigenen Erleben in Kontakt zu kommen, auch Erwachsene stärkt und nährt.

Befreundete Therapeuten, die mit Erwachsenen arbeiten, berichten immer wieder, wie neue Bewegung in festgefahrene Prozesse kommt, wenn sie kreative Methoden anwenden.

Vielleicht lässt sich der eine oder andere Therapeut für Erwachsene von Erfahrungen und Methoden aus der Kinderarbeit inspirieren. Das würde mich sehr freuen. Denn im Therapiezimmer sitzen neben den erwachsenen Klienten ja auch immer deren innere Kinder.

Was ist Focusing?

»Focusing ist die Zeit, in der man mit etwas ist, das man körperlich spürt, ohne schon zu wissen, was es ist.«[1]

Definitionen über Focusing gibt es viele, mir gefällt diese kurze und kompakte von Eugene Gendlin selbst, dem Begründer der Methode, besonders gut. Gleichzeitig reicht keine Definition aus, um wirklich zu verstehen, was Focusing ist. Denn Focusing ist nicht nur die Zeit, in der ich mit meinem körperlich spürbaren Erleben bin. Es ist auch eine ausgearbeitete Methode, die hilft, dieses Erleben zu finden und zu nutzen. So kann man zu eigenen, stimmigen Einsichten, Ergebnissen und Lösungen gelangen.

Weil Focusing auf dem Erleben beruht, möchte ich die Methode anhand eines Focusingprozesses beschreiben, den ich mit einem Kind erlebt habe. Es ist eine etwas reduzierte Darstellung, die sich an die sechs Schritte anlehnt, die Gene Gendlin ursprünglich formuliert hat. Zwischen den einzelnen Schritten habe ich mehr mit dem Kind gesprochen, aber zum Verstehen der Schritte ist auch die knappe Form ausreichend.

Bei einer Focusingstunde ist es ähnlich wie bei einem Paartanz: Rhythmus, Grundschritte und Tanzhaltung sind klar. Üblicherweise fängt das Paar mit Beginn der Musik an. Aber vielleicht warten sie noch einen Moment und stimmen sich erst einmal auf die Musik ein. Das eine Paar tanzt eine Choreographie von Anfang bis zum Schluss durch, das andere reiht Figuren aneinander, wiederholt einige und beginnt neu. Klar ist, dass der Mann führt – zumindest in der Theorie. Im Tanzkurs sieht man aber meist mehr Frauen, die führen.

Beim Focusing führt das Kind; die Aufgabe des Begleiters ist es, zu folgen. Manchmal bremst er ein bisschen oder lädt ein, eine andere Bewegung zu machen. Aber danach gibt er die Führung wieder an das Kind

1 Gendlin, Eugene: Focusing in der Praxis, Stuttgart: Klett-Cotta 2004.

ab. Der Begleiter vertraut auf die Fähigkeit des Kindes, zu spüren, was der nächste stimmige Schritt ist.

Was ich mit dem Beispiel des Tanzes zeigen will: Die sechs Schritte werden nicht immer linear abgearbeitet, sondern wechseln einander ab und wiederholen sich in einer Sitzung oft mehrfach. Trotzdem mag die Lehrerin in mir, dass man anhand einer klaren Struktur etwas vermitteln kann. Gehen wir also gemeinsam mit M., einem zehnjährigen Jungen, durch die sechs Schritte eines Focusingprozesses.

Erstens: Freiraum schaffen

M. kommt zu mir in die Praxis. Er steht sehr unter Druck, denn er will immer vor der Therapie seine Hausaufgaben erledigt haben. Diesmal waren es so viele, dass er es nicht geschafft hat. Ich höre erst einmal nur zu, wie er sich über die Menge und Schwierigkeit der Aufgaben beschwert. Auf meine Nachfrage, was noch zu machen sei, stellt sich heraus, dass es gar nicht mehr so viel ist. Er schätzt, dass er es in 30 Minuten erledigen kann. Zudem wäre dann auch der Vater zu Hause, der ihm helfen würde. Das Zuhören, Nachfragen und Fragen stellen verlangsamt das Kind. Dadurch entsteht ein Raum, in dem es möglich ist, achtsam und ohne Druck sich dem inneren Erleben zuzuwenden.

So beruhigen sich bei M. allmählich die heftigen Gefühle und er bekommt etwas Abstand zu der noch anstehenden Aufgabe. Damit hat er den inneren Freiraum, zu etwas von seinen Themen einen Felt Sense entstehen zu lassen.

Beim Beschweren über die Menge der Aufgaben klingt immer wieder durch, dass er sich vor allem über sich selbst und seine langsame Arbeitsweise ärgert.

Zweitens: Felt Sense finden

Ich frage M., ob es gut wäre, einen Moment bei dem Ärger über seine langsame Art zu bleiben. Er willigt sofort ein, denn diese Langsamkeit im Vergleich zu den Altersgenossen ist auch der Auslöser für die Therapie gewesen. Ich bitte M.: »Nimm mal alles über diese Langsamkeit, alles, was du damit erlebt hast, alles, was du darüber weißt, und auch, was du nicht weißt. Alles von der Langsamkeit darf jetzt da sein.« Ich warte ein bisschen und lade dann ein: »Spür mal in deinen Körper, ob du etwas über die Langsamkeit bemerken kannst.« Wieder warte ich eine Weile, in der ich über meine Resonanz versuche, eine Ahnung zu bekommen, wie es M. geht. Dies ist eine grundlegende Technik im Focusing und wird ausführlich im entsprechenden Kapitel beschrieben. Gleichzeitig können sehr viele Menschen über ihre Empathiefähigkeit etwas davon ahnen, wie es dem anderen gehen mag.

Drittens: Griff finden

Der Felt Sense ist ja vorsprachlich und umfasst noch nicht Gedachtes. Um damit weiterarbeiten zu können, braucht es irgendeine Art Symbol. Der Felt Sense kann sich über verschiedene Arten (Modalitäten) äußern. Die eine kann z. B. das Beschreiben eines Körpergefühls wie Enge oder Schwere sein, es kann eine Bewegung sein, die das Kind spontan macht, oder ein inneres Bild, das das Kind beschreibt. (Mehr dazu finden Sie im Kapitel zu den Modalitäten des Erlebens.)

In dem Focusingprozess frage ich M.: »Wenn das in dir, zu all dem von der Langsamkeit, eine Farbe hätte, welche würde für dich passen?« Ohne dass M. lange überlegen muss, kommt die Antwort: »Orange.« Mit diesem Orange ist der Felt Sense fassbar geworden, damit können wir weiterarbeiten. Gendlin hatte bei der Benennung dieses Schrittes einen Koffer vor Augen. Der Koffer ist der Felt Sense, voll mit vorsprachlichen, vorkonzeptionellen Inhalten. Die Äußerung über eine Modalität ist der Griff am Koffer. Damit können wir den Koffer greifen und uns damit weiterbewegen. Analog wird also ein Zipfel des Felt Sense fassbar und kann uns eine Weiterarbeit möglich machen.

Viertens: Fragen an den Felt Sense

M. spürt spontan, dass Orange die passende Farbe ist, um sein körperlich Gespürtes zu der Langsamkeit zu repräsentieren. Nun erforschten wir das Orange. Durch Fragen des Begleiters wird das Kind angeregt, den Felt Sense zu erkunden. Die Fragen des Begleiters sind Vorschläge, die das Kind auch ablehnen darf. Die Fragerichtung ist: »Liebes Kind, magst du dich selbst mal fragen … Nimm die Frage und stell sie dir in Richtung … (Bauch, Herz, Hals etc.)«

Da ich in diesem Prozess Malen als unterstützendes Medium wählte, lege ich Papier und Stifte vor M. hin. (Bei einem jüngeren Kind hätte ich gleich die Stifte hingelegt und eingeladen, eine passende Farbe zu wählen. »Schau, da sind Stifte und Papier«, lade ich dann ein. »Deine Hand weiß, welche Farbe für das … in dir passt.« Wählt das Kind dann Orange, benenne ich es und schlage die nächste Frage vor. »Wenn du das Orange malen würdest, wie groß wäre es?«)

Da M. bereits vertraut war mit dem focusingorientierten Malen, nahm er den orangenen Stift und verharrte noch. Er brauchte noch die Frage nach der passenden Form. Dadurch wurde das Orange zu einem großen Dreieck. Durch Zuhören und das Vorschlagen von weiteren Fragen an den Felt Sense zeigte sich mehr und mehr von den Inhalten. M. hatte das Gefühl, unentwegt zu arbeiten und doch nie das Ergebnis zu erreichen, das die Schule forderte. (Die vierte Klasse in Bayern ist sehr fordernd, da hier die Auslese für die weiterführenden Schulen stattfindet.)

Fünftens: Felt Shift abwarten

Der Felt Shift ist die körperlich spürbare Veränderung, die sich vom Felt Sense ausgehend ergeben hat. Der Felt Shift bringt etwas von Erleichterung oder Öffnung mit sich. Er lässt sich nicht herbeizwingen, und schon Eugene Gendlin bezeichnete es als Gnade, wenn ein Felt Shift entsteht. Der Felt Shift hängt direkt mit dem Felt Sense zusammen, er war vorher schon im Felt Sense enthalten und brauchte nur Zeit, um sich entwickeln zu können. Manchmal stellt sich eine kleine Erleichterung schon dann ein, wenn der Felt Sense richtig gehört wurde.

So war es auch bei M.; der Felt Sense wurde von ihm als oranges Dreieck auf das Papier gemalt. Als der Junge den Stift beiseite legte, atmet er tief ein. Dies ist meist ein Zeichen dafür, dass zumindest eine kleine, körperlich spürbare Erleichterung stattgefunden hat. Interessanterweise muss es noch nicht einmal etwas Angenehmes sein, was sich gezeigt hat. Einfach das Erlebnis »Genauso ist es und nicht anders« bringt Entspannung.

Vielleicht kennen Sie das auch von den Kindern: Sie quengeln, bis man sich wirklich Zeit nimmt, ihnen zuzuhören. Allein das Zuhören bewirkt, dass das Kind ruhiger wird. Das geschieht auch ohne dass die Wünsche, die es äußert, erfüllt werden.

Nachdem M. das Symbol des orangenen Dreiecks gemalt hatte, konnte er einen kleinen Felt Shift erleben. Damit war aber der Prozess noch nicht abgeschlossen. Wie anfangs beschrieben, kann nach einem kleineren Felt Shift eine weitere Runde von Felt Sense ➔ Symbol (Griff) ➔ Fragen stellen ➔ Felt Shift notwendig sein.

Bei M. zeigte sich im zweiten Durchgang ein grüner Kreis. Der stand für alles, was ihn in der schwierigen schulischen Situation unterstützte: Eltern, Freunde, Hobbys, und ein wenig von mir war auch dabei. Wieder stellte sich ein kleiner Felt Shift ein.

Als der Junge die beiden Symbole auf dem Papier ansah und auf sich wirken ließ, fiel ihm auf einmal etwas ein: »Das ist ja wie beim Bergsteigen« (ein gemeinsames Hobby der Familie). »Mal geht es bergauf und es ist super anstrengend. Aber wenn man oben ist, ist es einfach wunderbar. Es wechselt sich ab.«

Ein großer, hör- und sichtbarer Felt Shift ereignete sich. M. sah, dass das vierte Schuljahr vorübergehen würde. Für ihn war klar, er würde weder aufs Gymnasium noch auf die Realschule wechseln. Er und seine Eltern waren damit ganz einverstanden. So konnte er sich wirklich entspannen. (In weiteren Stunden arbeiteten wir noch lange mit den gemalten Symbolen und der Idee des Bergsteigens.)

Sechstens: Annehmen und schützen

Durch den vorausgegangenen Prozess sind in M. ein neues Empfinden, Erleben und Verstehen entstanden. Etwas ist klarer geworden, eine Lösung zeichnet sich ab. Bei M. war es das Bild vom Bergsteigen. Für M. war das stimmig und hatte eine Verbindung zu seinem Erleben. Dieses Erleben nimmt er an und genießt es, leichteren Herzens in die Zukunft zu sehen.

In jedem von uns gibt es Stimmen, die solche Veränderungen gerne angreifen. Wie schnell kommen etwa aus dem Verstand die Einwände: Ja, das Kind ist aber trotz allem nach wie vor langsamer als die Klassenkameraden. Es wird durch das Bild des Bergsteigers nicht schneller. Solche Einwände sind gerade nicht hilfreich. Es gilt, das Gefundene innerlich anzunehmen und vor solchen scheinbar vernünftigen »Argumenten« zu schützen. Wir befassen uns im Focusing nicht so sehr mit dem Problem, Thema oder Symptom. Vielmehr interessiert uns, wie der Mensch, den wir begleiten, mit den Schwierigkeiten umgeht. M. ist es gelungen, eine entspannte Einstellung zum eigenen Arbeitstempo zu entwickeln.

Da in der Kinderfocusing-Arbeit häufig etwas Greifbares entsteht, kann darüber gut der sechste Schritt vollzogen werden: Ich lade das Kind ein, für sich zu spüren, wo das Bild (Objekt oder Ähnliches) einen guten Platz finden kann. M. wollte gerne das Blatt mit dem grünen und orangenen Symbol in sein Bergsteigerbuch legen.

Oft gibt es aber auch kein Objekt, das für den Schritt des Annehmens und Schützens dienen kann. Dann suche ich mit dem Kind, wo und wie es den Schritt wiederfinden kann, der zum Felt Shift geführt hat. Gelegentlich wählen die Kinder dann einen kleinen Gegenstand, den sie mit sich tragen. Es kann aber auch ein Satz, ein inneres Bild oder etwas Ähnliches sein, das hilft, zu dem Felt Shift zurückzufinden.

Entweder endet nun der Prozess oder es schließt sich eine weitere Runde an. Für M. war die Zeit unserer Focusingstunde vorbei, er wurde abgeholt. Seine Mutter berichtete mir in der darauffolgenden Woche, dass ihr Sohn abends nach der Therapiestunde sehr rasch und ohne Hilfe mit den übrigen Hausaufgaben fertig geworden sei.

Der Begründer der Methode: *Eugene Gendlin*

Wir alle wissen, dass die Kindheit mitentscheidend ist für den weiteren Verlauf des Lebens. Was liegt also näher, als auch beim Begründer des Focusing hinzuschauen, wie er aufgewachsen ist?

Eugene Gendlin wurde am 25. 12. 1926 als Eugen Gendelin in Wien geboren. Er war das einzige Kind der jüdischen Eltern Leonid und Sylvia. Sein Vater stammte aus Russland, seine Mutter aus Italien. Eugen besuchte sechs Jahre lang in Wien die Schule. Nach der Übernahme Österreichs durch die Nationalsozialisten im Jahre 1938 floh die Familie aus Wien. Viele Jahre später berichtete Eugene Gendlin, wie er sich in Amerika nannte, in einem Interview mit der österreichischen Psychotherapeutin Lore Korbei über die Flucht.

Kurz nach dem Einmarsch der deutschen Wehrmacht in Österreich schickte der Vater seine Frau mit dem Sohn zu den Großeltern. Der Großvater war tschechischer Staatsbürger und hatte dies in Österreich nicht ändern wollen. Das rettete Mutter und Sohn. In der Rückschau stellt Gendlin fest: »Alles war jetzt anders.«

Der Vater nimmt sich viel Zeit, um Eugen zu erklären, wie die Lage für Juden in Österreich ist. Er bezieht das Kind in die Planungen und Überlegungen über die Schritte der geplanten Flucht mit ein. Die Familie entscheidet sich nach einer längeren Suche, über Deutschland nach Amerika zu fliehen. Noch in Wien kauft der Vater eine Adresse in Köln, wo ihm jemand bei der Flucht behilflich sein soll. Dort angelangt, geht er mit seinem Sohn zu dem Kontaktmann. Nach kurzer Zeit verlässt er diesen und sagt zu seinem Sohn: »Etwas in mir sagt Nein. Diesem Mann können wir nicht vertrauen.«

Der Junge ist von dem Satz des Vaters überrascht, kann aber in diesem Moment noch nicht ahnen, wie prägend dieses Erlebnis für sein weiteres Leben sein wird. Er wird immer wieder für sich versuchen, in sich auch so ein Gefühl zu finden, das ihm etwas sagt. Es gelingt ihm nicht gleich, aber er wird so lange forschen, bis er es kann. Er wird all dem, was mit den »sprechenden Gefühlen« zu tun hat, Raum geben in seinem Leben. Er wird Philosophen wie Wilhelm Dilthey, Edmund Husserl, John Dewey, William James, Ludwig Wittgenstein, Jean-Paul Sartre und Maurice Merleau-Ponty lesen. Aber erst durch die Hinwendung zur Psychologie und die gemeinsamen Forschungen am Lehrstuhl von Carl Rogers wird seine Suche erfolgreich. Bei seinen Klienten wird Eugene

Gendlin wieder auf Menschen treffen, die sich ihrem körperlich spürbaren Erleben zuwenden können. Er wird seine Beobachtungen und Forschungen zusammenfassen und die so entstandene Methode »Focusing« nennen. Auf diese Weise wird er es Millionen von Menschen ermöglichen, diese Fähigkeit zu lernen und zu lehren.

Wenn wir jetzt auf den Jungen zurückschauen, so hatte er damals nur den Wunsch, mit seinen Eltern wohlbehalten in Amerika anzukommen. Er hofft es so sehr und hat keine Ahnung, dass er in diesem weit entfernten Land nicht nur für sich ein gutes Leben finden, sondern auch unzähligen Menschen bis heute dabei helfen wird, dieses ebenfalls zu finden, indem sie mit Focusing zu stimmigen Lösungen ihrer Probleme kommen. Gendlins Weg von Köln in die USA ist noch so weit und gefährlich. Aber am Ende seines Lebensweges hat er Focusing weltweit bekannt gemacht und viele Menschen inspiriert, seine Methode mit anderen Anliegen, Themen und Therapieformen zu verbinden.

Der junge Eugen, der das »Etwas in mir sagt Nein« des Vaters hört, wäre wohl sehr irritiert gewesen, wenn er hätte sagen sollen, ob er in seinem eigenen Körper etwas von der Überraschung finden könnte und welche Farbe sie hätte. Aber er wird Menschen ermutigen, Focusing nicht nur mit Erwachsenen zu praktizieren. Sie werden anfangen, genau solche Fragen an die Kinder zu stellen und ihnen damit helfen, besser mit Gefühlen zurechtzukommen.

Wie gut, dass Leonid Gendelin einen Zugang zu den Gefühlen hatte, die ihn warnten, wenn etwas unsicher war. Mindestens noch einmal rettete seine Intuition der Familie das Leben. Damit hat er nicht nur das Leben seiner kleinen Familie bewahrt. Er machte es auch möglich, dass sein Sohn ein großartiges Werkzeug entwickelte, das vielen Menschen immer wieder hilft, diese Gefühle in sich zu finden und auf sie zu hören.

Grundlegende Begriffe im Focusing

Freiraum

Wir alle arbeiten mit dem Computer und haben dort schon viele Erfahrungen gemacht. Eine davon ist, dass Programme sich in den grundlegenden Einstellungen nur dann verändern lassen, wenn sie geschlossen sind. Sind mehrere Programme oder Fenster offen, so kann der PC nicht normal heruntergefahren werden. Es gibt noch die Option »Herunterfahren erzwingen«, die aber nicht unbedingt gut für das Gerät und die Programme ist.

Sehr viel anders funktionieren auch wir Menschen nicht. Grundlegende »Programme« wie Wut, Angst, Eifersucht usw. bekommen sehr schnell eine Eigendynamik, wenn sie erst einmal angelaufen sind. Wer schon einmal versucht hat, ein tobendes Kind an der Supermarktkasse oder auf dem Spielplatz zu beruhigen, weiß, wie schwierig das ist. Das Programm »Toben und um sich schlagen« ist im Autopilotmodus.

Ist das Kind später wieder ruhiger, so ist es möglich, mit ihm zu reden und z. B. Verhaltensalternativen zu besprechen. Als mehrfache Mutter und Großmutter weiß ich, wie gerade solche Ereignisse im öffentlichen Raum auch den Erwachsenen unter Druck setzen. Im unangenehmsten Fall haben weder Erwachsener noch Kind in sich genügend Handlungsspielraum, um gute Lösungen zu finden.

Genau hier wird für mich das Freiraum-Konzept von Gendlin bedeutsam. Freiraum bedeutet, dass zumindest noch ein bisschen Raum zwischen mir und meinem Erleben ist. Ich bin nicht mit meinem Erleben identifiziert, sondern ich habe z. B. eine Wut, aber auch Lösungs- oder Kommunikationskompetenzen.

Gendlin beschreibt drei unterschiedliche Arten von Freiraum. Wie das obige Beispiel zeigt, bezieht sich das Freiraum-Konzept sinnvollerweise sowohl auf den Klienten als auch auf den Therapeuten. Auch der

Erwachsene, der ein Kind begleitet, braucht Freiraum, und zwar äußeren, inneren sowie Beziehungsfreiraum. Das Freiraum-Konzept ist nicht nur im therapeutischen Setting, sondern auch in anderen Kontexten hilfreich.

Das Erste, was notwendig ist, ist der äußere Freiraum. Das bedeutet, dass im Außen die Bedingungen so sind, dass ich tun kann, was ich will. Dazu gehören:

- Grundbedürfnisse: kalt, warm, bequeme Kleidung, Hunger, Durst,
- Geräusche: Lautstärke, Art (Musik, Stimmen), Nähe,
- Platz: Ordnung, Ort, Sicherheit, Umgebung, Reizarmut, anwesende Menschen,
- Zeit: Zeitdruck, Termine, ungestörte Zeit,
- Gerüche und andere Sinneseindrücke.

Ein Kind, das friert, wird Mühe haben, irgendetwas anderes im Körper zu finden als kältebedingte Erscheinungen. Genauso geht es mit anderen Grundbedürfnissen, wie Hunger oder Durst. Ich hatte als Klassenlehrerin immer wieder Kinder im Unterricht, die ohne Frühstück gekommen waren oder keine jahreszeitlich passende Kleidung besaßen. Solche Kinder waren mit ihrem Hunger und Frieren so beschäftigt, dass kein Raum fürs Lernen in ihnen war. Das bedeutete für mich, dass ich mich erst einmal um ihre Grundbedürfnisse kümmern musste.

So kochte ich jeden Morgen zwei große Kannen (gesüßten ☺) Früchtetee. Bald nahmen mir praktisch begabte Kinder diese Arbeit ab. Ja, sie gingen sogar so weit, dass sie auch für mich einen »Erwachsenen«-Tee kochten. Knäckebrot oder etwas ähnlich Haltbares war auch immer vorhanden. Keine große Sache, aber für uns als kleine Gemeinschaft machte es einen erheblichen Unterschied. Decken und ein Sofa halfen, Kälte und Müdigkeit in Grenzen zu halten. Besser, ein Kind verschlief eine der sechs Schulstunden und war danach für fünf Stunden lernfähig.

Überraschenderweise hat später der Platz keine entscheidende Rolle mehr gespielt. Der Ort im Außen ist nach meiner Erfahrung nicht so bedeutsam wie die Beziehung derer, die sich dort gemeinsam aufhalten. Natürlich hätte ich nichts gegen gemütliche und kindgerechte Beratungsräume einzuwenden gehabt. Aber in den über 15 Jahren meiner mobilen Tätigkeit innerhalb des Schulsystems war das meist nicht möglich. Irgendein Raum, der gerade nicht von anderen Personen der Schule benutzt wurde, musste reichen. Und irgendwie gelang es den Kindern und mir, mit diesem Ort zurechtzukommen. Oft hatten wir nicht mehr als eine mitgebrachte Decke, Papier und Buntstifte. Vielleicht kam genug Sicherheit für das Kind und auch mich aus meinem unbedingten Wunsch, den Kindern unbeirrt zur Seite zu stehen.

Dieser äußere Freiraum ist etwas, was nicht nur für Prozesse psychischer Veränderungen notwendig ist. Auch in der Pädagogik ist er Voraussetzung für erfolgreiches Arbeiten. Zudem ist das Konzept hilfreich in allen möglichen Feldern menschlichen Lebens.

Der innere Freiraum hingegen formuliert etwas Neues, das bisher so noch nicht beschrieben worden ist. Es geht um den guten Abstand zu Gefühlen und Themen. Sich auf ein Gesamtgefühl von »etwas« beziehen zu können, braucht einen, wenn auch oft nur winzigen Abstand dazu. Hier ist das von mir im ersten Kapitel bildlich beschriebene: »Innehalten« notwendig. Dann kann man bemerken, was gerade passiert, welche Gefühle, Konflikte, Themen gerade besonders mächtig sind. Faktoren, die den inneren Freiraum nehmen können, sind z. B.:

- unterschiedliche, entgegengesetzte Aufträge oder Erwartungen,
- schwerwiegende akute Konflikte mit nahestehenden Menschen,
- zu viele Probleme und Belastungen gleichzeitig, die gerade nicht lösbar sind oder so erscheinen,
- starke Schmerzen oder unterdrückte Krankheiten,

- psychische Erkrankungen wie z. B. Depression, Angststörungen usw.,
- akute Traumatisierungen oder die Erinnerung daran.

Freiraum schaffen mit sich und auch dem Kind findet meistens in Bezug auf inneren Freiraum statt. Hierzu bieten sich unterschiedliche Techniken an. Das Finden eines Felt Sense zum Ganzen des Themas, Partialisieren, Verlangsamen oder Herausstellen sind Möglichkeiten, den inneren Freiraum (wieder) herzustellen. Herausstellen geschieht, indem ich alles, was zu dem gehört, was den Freiraum nimmt, zu einem Ganzen, einem Etwas werden lasse. Mit imaginativen Techniken oder auch mittels konkreten Gegenständen wird z. B. dieses »Alles über den Ärger« aus dem Körper symbolisch herausgestellt. Dies kann die Vorstellung eines Ordners sein, der mit »Ärger« beschriftet ist und ins Regal gestellt wird. Oder das Kind kann einen Gegenstand als Repräsentant wählen und ihn irgendwo im Raum oder auch vor die Türe stellen. Die Idee von Gendlin ist hier, dass der Körper dann für eine Weile die Last des Herausgestellten nicht mehr (allein) tragen muss.

Für die Kinder sind unterschiedliche kreative Ausdrucksmöglichkeiten zur Unterstützung beim Freiraum-Schaffen möglich. Ich biete eine für die Situation passende Form an, bin aber jederzeit bereit, auch andere Möglichkeiten zu nutzen, die vom Kind kommen. Je öfter ich ein Kind beim Freiraum-Schaffen begleite, umso selbstständiger und selbstbestimmter wird es im Tun. Die Kinder entdecken im Laufe der Zeit, wie Freiraum-Schaffen für sie am besten gelingt.[2] Die dritte Form von Freiraum nach Gendlin ist der Beziehungsfreiraum. Das bedeutet, dass die

2 Ein gutes Beispiel meiner Arbeitsweise mit Kindern liefert mein Artikel »Ein neues Zuhause für Herrn N.«. Vgl. https://www.deutsches-focusing-institut.de/images/journale/Focusing-Journal_21.pdf

Beziehung zum anderen Menschen nicht von unausgesprochenen Ängsten, Mutmaßungen, Vorwürfen oder Fantasien belastet ist. In der Beziehung zu Kindern habe ich erlebt, dass sie meist verbal oder nonverbal sehr klar kommunizieren, wie sie die Beziehung erleben. So kann eine Störung im Beziehungsgefüge rasch behoben werden. Viel mehr Raum nehmen unterschiedliche Aufträge und Erwartungen von Eltern, Lehrern, Ärzten, Erziehern etc. ein. Natürlich will ich hören, was diese Personen zu sagen haben. Sie kennen ja das Kind sehr viel besser. Auch ist es gut, zu erfahren, was für (möglicherweise unausgesprochene) Erwartungen auf dem Kind lasten. Trotzdem versuche ich, dieses Wissen nicht mit in die Begegnung mit dem Kind hineinzunehmen, sondern frisch und absichtslos mich auf die Situation einzulassen. Der Beziehungsfreiraum zum Kind hin kann mir aber auch durch eigene belastende Themen, Konflikte und Kritik oder meinen inneren Kritiker genommen werden.

Hier ist meine erste Aufgabe für mich selbst, Freiraum-Schaffen zu praktizieren. Genau hier zeigt sich wieder das wohltuende und völlige stimmige Konzept des Freiraum-Konzepts: Es bezieht sich auf alle, die den gemeinsamen Raum teilen.

Ich muss nicht still und heimlich ein bisschen Selbstfürsorge betreiben. Im Gegenteil: Ich soll als Focusingbegleiter, aber auch in den anderen Räumen meines Lebens, gut für meinen Freiraum sorgen. Wie viel ich davon z. B. einem Kind gegenüber sichtbar werden lasse, ist wieder ein ganz anderes Thema.

Das Freiraum-Konzept ist nichts Statisches. Wenn ich einmal Freiraum geschaffen habe, ist er nicht dauerhaft da. Vielleicht geschieht etwas im Außen, was in meinem Inneren etwas anregt, und auf einmal ist der Freiraum wieder weg. Manchmal spürt man gleich, wenn der Freiraum verloren gegangen ist. Es kann auch einige Zeit vergehen, bis man es bemerkt. Ein automatisches Programm wird abgespult, bis es endlich zu dem anfangs beschriebenen Innehalten kommt.

Erinnern Sie sich an das Beispiel mit der Colaflasche am Anfang? Die Kinder fanden drei Wege, wie mit dieser umzugehen sei. Ein Weg war, an einen Ort zu gehen, an dem das Überlaufen der Flasche kein Problem ist. Genauso geht es beim verlorenen Freiraum. Äußerlich oder innerlich gehen wir an einen sicheren Ort und bemerken, was gerade in uns vorgeht. Von dort aus können wir für uns selbst sorgen.

Felt Sense

Wenn Focusing die Zeit ist, in der ich mit dem bin, was ich noch nicht weiß, aber schon vage spüre, dann ist der Felt Sense dieses Vage.

Das Phänomen an sich ist fast jedem schon begegnet: Ich habe so ein unbestimmtes Gefühl, weiß, dass irgendetwas sich merkwürdig anfühlt, kann aber (noch) nicht benennen, worauf sich das Gespürte bezieht.

Oft ist es sogar möglich, das vage Gefühl im Körper zu lokalisieren. Und dieses Unklare, körperlich Spürbare nannte Gene Gendlin Felt Sense. Es ist ein Kunstwort, das bewusst so gewählt wurde. Durch die Verwendung eines Wortes, das nicht bereits mit Sinn belegt ist, kann der Begriff einen ganz eigenen Sinn bekommen. Daher wird er im Deutschen auch unübersetzt übernommen. Eine ungenaue Übersetzung wäre »gefühlte Bedeutung«, »gefühlter Sinn«.

Während ich versuche, die Bedeutung des Wortes zu erklären, wird für mich wieder ganz deutlich, dass der Felt Sense immer mehr ist als das, was ich in Sprache bringen kann. Denn mein Körper gibt auch etwas hinzu: das, was ich mit dem Wort erlebt habe, was ich an Erfahrungen damit verbinde, das Vergangene und das Gegenwärtige. Und so gibt es zu ein und demselben Wort, Gegenstand, Erlebnis bei jedem Menschen einen anderen Felt Sense. Mal unterscheidet er sich mehr, mal weniger.

Erinnern Sie sich an die Szene vom Anfang des Buches: Das Mädchen sagt zur Mutter: »Ich spür Banane blau.«

Die Mutter des Kindes konnte mit der Information »Ich spür Banane blau« erst einmal nicht viel anfangen. Als sie es sich genau erklären ließ und in ihrem Inneren auch einen Felt Sense zu »Banane« suchte, fand sie andere Farben, und auf einmal entstand ein munteres Gespräch zwischen Mutter und Kind.

Vielleicht haben Sie wie nebenbei auch einen Felt Sense zu »Banane« gehabt und bemerkt: »Für mich spür ich Banane ...«

Felt Shift

Wenn man dem Felt Sense Zeit gibt, sich zu entfalten, werden neue Aspekte zu dem Ausgangsthema auftauchen. Diese neuen Erlebensaspekte und die dazugehörigen Symbolisierungen tragen den Erlebensprozess voran. Nehmen wir das bereits bekannte Beispiel vom vergessenen Schlüssel: Zuerst überkommt Sie ein vages, möglicherweise ungutes leises Erleben z. B. im Bauch. Sie bleiben dabei, es formt sich eine Vermutung: »Irgendetwas ist nicht richtig« (Symbolisierung in Form eines Gedankens). Nach kurzer Zeit sehen Sie vor Ihrem inneren Auge den Schlüssel auf dem Tisch liegen (Symbolisierung als visuelle Wahrnehmung).

Ein Felt Shift findet statt, das ist eine Veränderung, die im Körper wahrnehmbar ist. Etwas löst sich, eine kleine Erleichterung ist spürbar, etwas ist klarer geworden. Ein Felt Shift kann sich schon einstellen, wenn der Felt Sense so ausgedrückt wurde, dass ein inneres Erleben entstehen kann wie: »Ja, genauso ist es. Endlich ist es gehört worden.«

Der Felt Shift entsteht aus dem Felt Sense. Der Kreislauf der beiden Phänomene kann im Verlaufe eines längeren Focusingprozesses mehrfach stattfinden. Von außen gut bemerkbar ist ein Felt Shift, wenn das Kind auf einmal ganz tief Luft holt.

Modalitäten des Erlebens

In der Arbeit mit Erwachsenen werden meist alle Modalitäten des inneren Erlebens über Sprache ausgedrückt: ein inneres Bild wird beschrieben, ein Körperempfinden in Worte gefasst. Ausnahmen sind unwillkürliche Bewegungen, die aber von einem wachen Therapeuten wieder in Sprache gebracht werden.

Die primäre Ausdrucksweise von Kindern ist aber häufig nicht die Sprache. Zum einen braucht es Zeit, Geduld und Übung, die feinen Signale des Felt Sense in Worte zu fassen. Arbeite ich längere Zeit mit einem Kind, entwickelt sich die sprachliche Kompetenz in Bezug auf die inneren Vorgänge deutlich weiter. Zum anderen ist insgesamt bei den Kindern eine Reduktion des sprachlichen Ausdrucksvermögens zu beobachten. Diese Beobachtung teile ich mit sehr vielen Lehrerkollegen. Gefühle sind entweder gut, cool, geil oder scheiße. So ist es auch eine gemeinsame Aufgabe von uns allen, erst einmal das Vokabular für den emotionalen Bereich zu vermitteln.

Kinder drücken sich durch Spielen, Malen oder Bewegungen aus. Genau damit arbeite ich auch im Kinderfocusing; das ist es, was mich begeistert und antreibt: gemeinsam mit den Kindern immer wieder neue Wege zu erkunden, wie das Gespürte ausgedrückt werden kann. Spielerisch, leicht und dennoch ernsthaft – das sind die Qualitäten, die Focusing mit Kindern für mich hat. Auf der Spielebene bin ich Kind mit dem Kind, daneben bin ich natürlich auch erwachsen und als Focusingbegleiterin präsent.

Focusing mit Kindern hat für mich eine große Bandbreite – das gesamte kreative Potenzial, über das jede Begleiterin, jeder Begleiter verfügt, kann zum Tragen kommen.

Es gibt unterschiedliche Erlebensmodalitäten, über die sich der Felt Sense äußert. Nicht jeder Mensch bekommt innere Bilder oder bemerkt Emotionen, wenn er zu einem Thema einen Felt Sense sucht.

Die möglichen Modalitäten sind innere Bilder, inneres Hören, Körperempfindungen, Bewegungen, Kognitionen, Handlungsideen, Geruchs- oder Geschmacksempfindungen.

Der Felt Sense äußert sich durch innere Bilder. Da unsere Welt sehr durch Bilder geprägt ist, begegnet mir die visuelle Modalität am häufigsten, wenn ich mit Kindern arbeite. Allerdings kann dies auch daran liegen, dass die visuelle Modalität meine bevorzugte Erlebensmodalität ist.

Das bedeutet aber nicht, dass ich mit den Kindern gleich komplexe Bilder male – ich hindere sie natürlich auch nicht daran. Wenn die Kinder mir etwas erzählen, worin spürbar ein emotionaler Inhalt ist oder sein könnte, bitte ich sie, kurz innezuhalten. Wenn sie danach von selber das Sprechen anfangen, folge ich ihnen. Ansonsten biete ich eine mögliche Modalität an. Ich frage, ob das, was sie gerade spüren, eine Farbe haben könnte. Das fällt den meisten Kindern leicht, und von dort aus können sie auch den Ort im Körper zeigen oder benennen. Dann gehen wir zur Frage, wie diese Farbe aufs Papier kommen kann. Ist auch dieser Schritt gelungen, kann der Prozess einfach weiterfließen.

Aus dieser Erlebensmodalität stammt auch das Bild, das den Geschmack einer Banane als blauen Punkt zeigt. Als die Mutter ihre Tochter abholen kommt, schaut sie das Bild an und meint: »Aber Bananen sind doch gar nicht blau.«. Die Antwort der Achtjährigen: »Ich spür Banane blau.«

Findet das Kind spontan keine Farbe, biete ich als andere Modalität z. B. an, ob es zu dem Gespürten eine Bewegung gibt. Habe ich beim Innehalten eine spontane Bewegung bemerkt, so bleibe ich gleich bei dieser.

Häufig bemerke ich, dass die Kinder beim Innehalten unbewusste Bewegungen machen, die aus dem Felt Sense zu kommen scheinen. Dann ist es gut, mit der betreffenden Bewegung weiterzugehen. Hierzu bedarf es allerdings einer sehr achtsamen Sprache, damit das Kind sich nicht »ertappt« fühlt.

Bewegungen können verstärkt oder verlangsamt werden. Oder die Bewegung wird eingefroren, um zu spüren, wohin ein körperlicher Impuls gehen könnte. Auch dann ist der Prozess angestoßen und kann sich weiter entfalten. Weitere Hinweise zum Umgang mit Bewegungen finden Sie im Kapitel »Grundlegende Techniken im Focusing mit Kindern« unter dem Punkt »Markieren«.

Bei Äußerungen, die im Bereich der Kognition liegen, ist natürlich Sprache das erste Medium. Manche Kinder, vor allem diejenigen, denen ich in meiner Privatpraxis begegne, sind kognitiv fähig, einen Prozess zu durchlaufen, der sich vom Ablauf her nur wenig von dem eines Erwachsenen unterscheidet. Andere Kinder hingegen brauchen eine Unterstützung für das Versprachlichen. Dazu sind oft Puppen jeglicher Art hilfreich. Diese können stellvertretend für den Felt Sense sprechen, und sie können in systemischer Weise aufgestellt werden, z. B. wenn an einem Thema mehrere innere Anteile beteiligt sind. Puppen und auch Tiere können unterstützen, wenn ein Kind erst eine freundliche Beziehung zu sich selbst und dem Erleben aufbauen muss. Sind keine Puppen oder Tiere vorhanden, reicht es auch, auf die passenden Finger Punkte und Striche als Augen und Mund zu malen.

Äußert sich der Felt Sense zuerst, indem eine Emotion beobachtbar ist, so gibt die jeweilige Emotion die Richtung vor. Trauer braucht eine andere Art von Angebot als Wut. Hier ist es für mich besonders wichtig, meinen eigenen Felt Sense zu beachten.

Körperempfindungen werden von Kindern sehr häufig in Form von Schmerzen geäußert. Gerade hinter kindlichem Bauchschmerz ohne organischen Befund verbergen sich oft ungelöste Themen. Ein guter Weg des Symbolisierens beginnt für die Kinder oft mit dem Eintragen des Schmerzes als Farbe in ein Körperschema (mehr dazu im Kapitel »Malen« in Teil II).

Die auditive Erlebensmodalität zeigt sich im innerlichen Hören von Sätzen und Stimmen. Auf einmal ist ein längst vergessener Satz wieder da, mit der Stimme, dem Tonfall des Sprechens und all dem, was damals an Bildern und Gefühlen abgespeichert wurde. Hier können wieder Puppen zum Ausdruck herangezogen werden. Bei Kindern ab ca. sechs Jahren können auch Rollenspiele zwischen Kind und Begleiter entstehen. Dabei übernimmt einer die Rolle der Stimme oder des Satzes; die Rollen können und sollten möglichst gewechselt werden. So kann der Begleiter auch selbst spüren, wie der Satz auf ihn wirkt. Alle Möglichkeiten der Inszenierung, die für das Kind passen, können benutzt werden. Wir spielen mit dem Abstand, der Position zueinander, der Lautstärke oder Klangfarbe. Das gibt vor allem auch Freiraum – dieser Satz/die Stimme ist nicht für alle Ewigkeit unveränderlich. Manches Mal lachen die Kinder ganz herzlich mit mir bei dieser Arbeit. Wichtig ist es – wie bei jeder Modalität –, bei den Experimenten immer wieder innezuhalten und in den Körper zu fragen: Wie wirkt das auf mich (dich)?

In der neueren Focusing-Literatur werden noch die gustative und die olfaktorische Symbolisierung aufgeführt.[3] Eine Situation ist bitter oder bei einer Erinnerung riecht es nach Zimt. Diese Art von Symbolisierung kenne ich von Kindern nur über die Aussage »Ich bin sauer«. Hier mischen sich für mich Emotionen und gustative Symbolisierung. Bei solchen Sätzen entscheide ich aus der Situation heraus, mit welcher Modalität ich weitergehe.

3 Vgl. Renn, Klaus: Magische Momente der Veränderung. Was Focusing bewirken kann, München: Kösel 2016, S. 164.

Die Modalitäten und mögliche Materialien zur Entfaltung im Focusing mit Kindern

Modalität	Erleben und Verhalten des Kindes	Materialien zur Weiterarbeit
Körperempfinden 	Schwitzen, Frösteln, Hand hinlegen. Darüber sprechen in ungenauer Beschreibung.	Farbe finden, Malen, Textur ergründen, Arbeit mit einem Körperschema: Hineinmalen, Gegenstand suchen und auflegen.
Emotionen 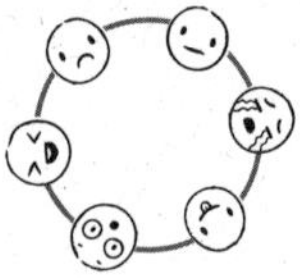	Spontaner Ausdruck einer Emotion. Sichtbar durch: sprachlichen Ausdruck, Weinen, Schimpfen, Lachen. Häufig gekoppelt mit Bewegung oder Körperempfindungen.	Dem Emotionsausdruck Raum geben, Akzeptieren des Gefühls, egal welches. Farbe suchen, Tonarbeit, Spielen, Puppen, Pampern.
Visuell 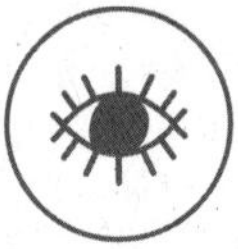	Innere Bilder, inneres Sehen von Sequenzen. Erinnerung an etwas, das gesehen wurde, Augenbewegung, sprachliche Äußerungen.	Farben, Bilder, Zeichnen, Malen, Basiskarten[4], Fotos, Material legen.

4 Markones, Bettina (2018) »Ich fühl mich heute lila«. Basismaterial für Kinderfocusing, www.zks-verlag.de

Auditiv 	Eine innere Stimme ist hörbar. Ein oder mehrere Sätze werden gehört. Ein Liedtext oder Lied wird innerlich gehört. Eine Melodie wird gehört. Ein Geräusch taucht innerlich auf.	Die innere Stimme imaginativ verändern, z. B. durch die Vorstellung eines Radios mit Lautstärkeregler. Die Stimme oder Melodie laut aussprechen, singen oder sonstwie hörbar machen. Im Rollenspiel auch vom Begleiter zu übernehmen. Mit dem Gehörten spielerisch umgehen: lauter und leiser machen, in verschiedenen Emotionen sprechen u.ä. Methoden aus der Theaterpädagogik.
Bewegung 	Eine spontane, unwillkürliche Bewegung wird evtl. mit sprachlicher Begleitung ausgeführt. Der Begleiter beobachtet eine Bewegung oder Haltung, die zum Kontext zu gehören scheint. Eine völlig konträre Bewegung oder Haltung ist zu beobachten.	Bewegen, Körperschema, Auflegen von z. B. Sandsäckchen, damit die Bewegung deutlicher wahrnehmbar wird, Rollenspiele, Einüben von förderlichen, stärkenden Körperhaltungen.

Kognition 	Gesten, wie sich an den Kopf langen, Fingerzeigen. Ausrufe wie: »Ach so ist das!«, »Na klar!« Sprachliche Äußerungen.	Sprechen, Spielen. Die Situation nachspielen. Puppen, Playmobil, Bauklötze.
Verhaltenssequenz 	Sprachlicher Ausdruck. Veränderung von Haltung und Muskeltonus. Kombination verschiedener Sinneseindrücke.	Rollenspiele, Planung erstellen, Imagination der Sequenz
Gustativ Olfaktorisch 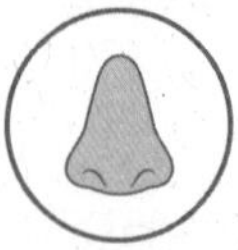 	Bisher bei Kindern wenig erlebt. Bekannte Formulierungen wie: »Ich bin sauer«, »Das stinkt mir«.	Sinneseindruck durch Fragen dazu einladen, die Äußerung zu untersuchen und noch genauer auszudrücken; (genauern) Farbe finden, malen.

Teilpersönlichkeiten

Vor einigen Jahren erschien ein Buch mit dem originellen Titel »Wer bin ich und wenn ja, wie viele?«. Die Titelformulierung zeigt, dass das Konzept der Teilpersönlichkeiten immer bekannter wird. Daran ist nichts Pathologisches, es ist ein Denk- und Arbeitsmodell. Dadurch ist es leichter möglich, mit Persönlichkeitsanteilen zu arbeiten. Wer sich Werbung ansieht, kann ganz gut beobachten, dass Menschen sehr häufig Dinge oder Aspekte zu Lebewesen machen. Der »Weiße Riese« vom Waschmittel ist so eine Verkörperung, genauso wie der laufende Riegel Schokolade, der sich in ein hübsches Milchglas-Mädchen verliebt.

Vor allem auf das Konzept des inneren Kindes stößt man in vielen Therapierichtungen und unterschiedlichsten Veröffentlichungen. Im Focusing arbeiten wir ebenfalls mit Teilpersönlichkeiten. Die beiden wichtigsten Vertreter sind das innere Kind und der innere Kritiker. (Daneben gibt es aber auch andere, wie z. B. die innere Freundin.) Wer sich genauer mit der Theorie hinter dem Konzept von Focusing befassen möchte, dem empfehle ich das Buch »Magische Momente der Veränderung« von Klaus Renn[5].

Hier möchte ich mich auf die Darstellung beschränken, wie ein guter Umgang mit innerem Kind und innerem Kritiker im Rahmen von Focusing mit Kindern gestaltet werden kann.

Inneres Kind

Bedürftige innere Kinder tauchen im Therapie- oder Beratungssetting sehr häufig auf. Daneben gibt es natürlich auch fröhliche, lebenslustige innere Kinder. Diese zeigen sich oft in der Kunst und im Spiel.

5 Renn, Klaus: Magische Momente der Veränderung. Was Focusing bewirken kann. München: Kösel 2016.

Das innere Kind braucht, genau wie reale Kinder, Sicherheit, Verlässlichkeit und Schutz. Werden diese Bedürfnisse nicht gestillt, so tauchen sie im Rahmen der Focusingbegleitung immer wieder auf. Das Setting und der zugewandte Erwachsene geben einen haltenden Rahmen. Dadurch wird es möglich, dass das innere Kind genügend Vertrauen fasst, um sich und seine aktuellen Bedürfnisse zu zeigen. Das Spiel mit Höhlen, Decken, Verstecken und »guten Orten« nährt und stärkt Kinder. In der normalen kindlichen Entwicklung gibt es immer wieder Phasen, in denen das Bauen und Spielen mit höhlenartigen Gebilden sehr wichtig ist. Ein leerer, großer Versandkarton ist ein heiß begehrtes Spielzeug. Darin verstecken sich die Kinder, bauen sich ein Nest und spielen stundenlang damit. Das sind gute Orte, vor allem, wenn sie gemeinsam mit sicheren Erwachsenen oder in deren Nähe entstehen dürfen. Auch im therapeutischen Setting bauen die Kinder solche Orte. Dazu braucht es nicht viel. Für Entspannungsübungen hatte ich immer ein oder zwei leichte Decken greifbar. Wurden diese über eine Schulbank gehängt, konnte ein geschützter Ort entstehen. Von dort aus konnte sich das innere Kind zeigen, über seine Bedürfnisse und Verletzungen sprechen und den Erwachsenen damit einladen, sie in einer Art »Nachnähren« zu erfüllen. Manche dieser Wünsche sind nachvollziehbar und leicht zu erfüllen – es braucht etwa ein Kuscheltierchen, eine weitere Decke oder etwas zu trinken.

Andere Wünsche brachten mich anfangs in einen heftigen Rollenkonflikt. Die Kinder weinten oder zeigten auf andere Art ihren Kummer oder Schmerz. Es war spürbar, dass sie körperliche Nähe benötigten. Meine spontane Reaktion wäre, das Kind in den Arm zu nehmen und zu halten. Gleichzeitig habe ich in der Ausbildung zur Focusingtherapeutin gelernt, dass der Klient jeden ausgesprochenen und unausgesprochenen Wunsch haben darf, aber der Therapeut diese Wünsche nicht erfüllen, sondern zum Thema machen soll. Ich habe diesen Konflikt für mich schließlich so gelöst, dass ich das Kind sehr wohl in den Arm nehme, wobei ich in aller Regel vorher sehr zart frage, ob das in Ordnung wäre.

Irgendwann später rede ich dann mit dem Kind darüber, ob es jemanden im Familiensystem gibt, der es tröstet und umarmt. Fast immer konnten wir jemanden finden; immer wieder war es eine Person, die nicht direkt zur Kernfamilie gehörte. Zudem ist es ja möglich, das reale Kind in der Imagination einzubeziehen. Je älter das Kind ist, umso mehr kann es helfen, sich um die Bedürfnisse des inneren Kindes zu kümmern.

Durch die Abklärung des Themas und das Suchen, wo und wie das Familiensystem des Kindes mehr und mehr die Bedürfnisse befriedigen kann, beruhigt sich in der Regel mein innerer Kritiker und kann dann gut zulassen, dass ich dem Kind so nahekomme.

Ich erinnere mich noch an ein Kind, mit dem ich einige Stunden gearbeitet habe. Dieses Kind riss sich zwanghaft die Haare aus. Im Vorgespräch hatte mir der Vater erzählt, dass sein Sohn an einer schweren Form der Neugeborenen-Gelbsucht erkrankt war. Er musste einige Tage über eine Sonde in der Kopfschwarte mit Flüssigkeit versorgt werden. Die Vermutung von uns Erwachsenen war es, dass die Verhaltensproblematik des jetzt Zehnjährigen mit dieser Erfahrung zusammenhing. Da ich Symptome von mir aus nur sehr selten anspreche, spielte das Haare ausreißen anfangs keine Rolle. Irgendwann begann der Junge von sich aus über diesen Zwang zu sprechen, der besonders in Stresssituationen sehr stark wurde. Während er über die Situation jammerte, erschien sein Gesichtsausdruck viel jünger und seine Stimme wurde höher. Es war, als wenn das Kind nun deutlich jünger wäre. So fragte ich: »Kann es sein, dass du dich gerade viel, viel kleiner fühlst?« Es kam sofort ein Nicken. Bald war in der Imagination der Säugling da, dem die Kanüle im Kopf Schmerzen bereitete. Ich fragte den zehnjährigen Persönlichkeitsanteil, was dieses Baby wohl brauchen würde. Problemlos konnte der Junge die Bedürfnisse seines inneren Kindes für mich dolmetschen.

Es brauchte nur wenige Impulse, bis der Junge sein inneres Kind imaginär auf den Arm nehmen und trösten konnte. Sehr liebevoll erklärten wir dem inneren Kind die Situation und die überlebensnotwendige Funktion der Kanüle. Am Ende der Stunde ruhte das innere Kind im realen Kind, ganz ruhig und entspannt. Wir suchten zum Schluss eine Möglichkeit, wie der Junge diese Imagination über die Woche immer wieder aufsuchen konnte.

Innerer Kritiker

Der innere Kritiker zeigt sich durch abwertende, destruktive Aussagen über die eigene Person. Wenn also ein Kind über sich selbst negativ spricht, so ist es möglich, hier den inneren Kritiker zu suchen. Im Focusing berichten Klienten oft, dass sie ihre inneren Kritiker häufig innerlich hören können. »Das kannst du ja sowieso nicht«, »Du bist ein Versager« sind typische Äußerungen dieses Persönlichkeitsanteils. Aber auch von außen kann man häufig erkennen, wenn eine Kritiker-Attacke stattfindet. Dann wertet sich ein Kind selbst ab, mit Aussagen wie etwa: »Das schaffe ich sowieso nicht« oder »Ich bin halt ein Loser«. Ein möglicher Umgang mit inneren Kritikern im Focusing ist es, sie wegzuschicken. Man gibt ihnen einen angenehmen Ort oder eine schöne Arbeit in der Fantasie.

Das erscheint sinnvoll, weil dadurch verloren gegangener Freiraum zurückgewonnen wird. Beschäftigt man sich jedoch näher mit den inneren Kritikern, so tritt Erstaunliches zutage: Sie sind nicht nur böse oder störend. Im Kern hat ihr Verhalten die Absicht, den betreffenden Menschen zu schützen. Der Kritiker will z. B. eine Blamage oder Beschämung verhindern. Das selbst innerlich zu erleben, ist ein kraftvolles Ereignis. Es bewirkt nachhaltige Veränderung – ganz anders, als wenn man nur hört: »Du kannst das« oder» Mach dich doch nicht immer so runter«.

Nicht nur wir Erwachsenen müssen uns immer wieder mit unseren inneren Kritikern befassen. Auch Kinder haben schon früh kritische Stimmen und Haltungen sich selbst gegenüber. Diese selbstkritischen Anteile bekommen im Kinderfocusing meist einen Namen. Schon aus dem Märchen »Rumpelstilzchen« wissen wir, dass mit dem Aussprechen des Namens ein Bann gebrochen wird. Mit dem »Flüsterer« ist wesentlich leichter zu arbeiten als mit der ständigen Angst zu versagen. Auch hier ist der entscheidende Focusingschritt: alles, was zu der Angst gehört, zu einem »Etwas« werden zu lassen. Dieses Etwas bekommt dann einen Namen. Jetzt gibt es ein »Ich und der Flüsterer« und dazu noch den Focusingbegleiter. So kann ein ernsthaftes und doch spielerisches Arbeiten beginnen. Der Begleiter kann im Rahmen eines Experiments die Rolle des Kritikers übernehmen. Das passt oft auch vom Erleben der Größen her. Denn häufig ist in der Wahrnehmung der Kinder solch ein Kritiker deutlich größer als sie selbst. Ist diese Inszenierung aber zu massiv und bedrohlich, so kann auch gut eine Puppe, ein Kuscheltier oder Gegenstand als Kritiker deklariert werden. Natürlich kann das Kind auch vorab den Kritiker aufmalen. Dieser Schritt braucht dann viele Spür-Impulse wie: »Wie groß ist er? Welche Gestalt hat er? Vielleicht ein Mix aus unterschiedlichen Wesen?« usw.

Das gemalte Bild des Kritikers kann dann genauso gut zum Experimentieren genommen werden. Bei so einem Experiment unterstütze ich das Kind zuerst, um herauszufinden, wo der Kritiker steht. Ist er neben dem Kind? Wenn ja, auf welcher Seite? Ist er vor oder hinter dem Kind oder schwebt er über ihm? Nach der Ortsbestimmung spiele ich mit dem Abstand, der Haltung von Kind und Kritiker, den Sätzen, die er spricht, und der Stimme. Der Satz »Das kannst du eh nicht« wirkt gesungen ganz anders als vorher. Kommt der Kritiker mit Mäuschen-Attitüde, verliert er ganz viel von seinem Schrecken. Diese Spielereien dienen vor allem dazu, mehr Abstand zu dem Kritiker zu bekommen und ihm etwas von seiner Macht zu nehmen. Es geht nicht darum, ihn lächerlich zu machen. Trotz des Lachens und der Spielerei ist auch Ernsthaftigkeit dabei. Genügend Abstand zu dem Kritiker macht es möglich, über einen guten Umgang mit ihm nachzuspüren.

Die gesamte Kritikerarbeit kann aber auch nur mit Puppen (im weitesten Sinne) geschehen, wie dies im entsprechenden Kapitel beschrieben ist (vgl. dazu »Puppen als Arbeitsmaterial«).

Die Haltung inneren Kritikern gegenüber ist geprägt von der Grundhaltung des Focusing: Auch Kritiker werden freundlich wahrgenommen und begrüßt. Sie sind unbequem bis bedrohlich, doch gleichzeitig haben sie schützende Absichten. Der »Flüsterer« beispielsweise wollte verhindern, dass das Kind gefährliche Dinge tut und sich verletzt. Eine gute Absicht, die aber z. B. für das Schreiben eines Diktates überhaupt nicht notwendig ist. Ein hilfreicher Schritt wäre es, dem Kritiker bei solch einer Gelegenheit für seine guten Absichten zu danken und ihn dann zu bitten, vorübergehend eine Pause zu machen.

Grundlegende Techniken im Focusing mit Kindern

Es gibt im Focusing grundlegende Arbeitstechniken, die von Gendlin in die beiden Kategorien »Listening« und »Guiding« eingeteilt wurden.

Listening bedeutet Zuhören. Genau das ist die Haupttätigkeit des Focusingbegleiters während eines Prozesses. Er hört zu, versucht das Gehörte zu verstehen und stellt das Gehörte und Verstandene dann wieder zur Verfügung. Das Kind kann es überprüfen und gegebenenfalls korrigieren, genauern oder im Prozess weitergehen.

Listening

Zum Listening gehören alle Interventionen, die nichts Eigenes vom Begleiter hinzufügen. Das können nonverbale Zeichen des Zuhörens und Miterlebens sein, wie etwa Nicken, Spiegeln der Körperhaltung oder Reaktionen in der Mimik. Auch einfache verbale Signale wie »Mhh« oder »Ah« zeigen dem Kind, dass der Begleiter präsent ist.

Alleine die Präsenz des Begleiters, seine Aufmerksamkeit auf das Kind in seinem Erleben, macht schon möglich, dass ein Felt Sense sich bilden und entfalten kann. Auch wenn der Begleiter gerade wahrnimmt, wie sein eigenes Erleben in Bezug auf den Prozess ist oder was für Informationen er aus dem gemeinsam geteilten Raum aufnimmt, ist er präsent. Denn er verlässt diesen gemeinsamen Raum des Erlebens nicht.

Anders verhält es sich, wenn die Gedanken des Begleiters zu eigenen Themen wechseln oder gar abschweifen zu banalen Fragen wie etwa den notwendigen Zutaten für das Mittagessen. Beim Auftauchen von eigenen Themen ist es gut, kurz zu überprüfen, ob diese in einem Zusammenhang mit der Arbeit des Kindes stehen. Wenn es eher Freiraum-nehmende eigene Themen sind, hat es sich bewährt, diese freundlich wahrzunehmen und dann an einen guten inneren Ort zu geben, um später darauf zurückzukommen.

Empfindet der Begleiter, dass das Auftauchen eines eigenen Themas mit dem des Kindes zusammenhängt, so ist das eine wichtige Information. Ob und wie er oder sie dies in den Prozess einbringt, ist dann eine andere Frage. Möglicherweise geschieht es durch entsprechende Guiding-Schritte oder das Zur-Verfügung-Stellen eines Response.

Gehen die Gedanken einfach spazieren und landen bei Einkaufszetteln oder Ähnlichem, dann ist das für mich ein Signal. Ich versuche bewusst zu spüren, inwieweit das Kind noch mit dem in Verbindung ist, über das es erzählt. Häufig ist es beim unverbundenen Erzählen, und damit ist es Zeit, wieder für eine Verbindung des Kindes mit seinem Erleben zu sorgen. Insofern kann man auch das eigene Abschweifen als guten Wecker der Aufmerksamkeit begrüßen.

Saying Back

Eine Sonderform des Listening ist das Saying Back. Saying Back bedeutet wörtliches Zurücksagen. Das hat aber nichts mit papageienhaftem Nachplappern zu tun, was Carl Rogers anfänglich vorgeworfen wurde. Die Vorstellung ist, dass der Begleiter durch das wörtliche Zurücksagen dem Kind die eigenen Worte nochmals zur Verfügung stellt, um sich darauf zu beziehen. Dadurch kann das Kind in seinem Erlebensfluss bleiben und noch einmal spüren, ob es wirklich so ist oder vielleicht doch ein bisschen anders. Es kann sich ein neuer Felt Sense bilden auf die eigenen Worte, die von außen nochmals in den Prozess hineingegeben werden.

Die Kunst beim Saying Back ist es, mit dem Kind so mitzuschwingen und mitzuerleben, dass ich den Tonfall, die Stimmlage und Lautstärke des Kindes aufnehme. Zudem fällt es dem Begleiter, der Begleiterin manchmal schwer, eigene Ideen oder Impulse zurückzustellen zugunsten des scheinbar so simplen Saying Back.

Es werden gar nicht unbedingt ganze Sätze zurückgesagt oder gar längere Passagen. Eugene Gendlin selber bringt einen schönen Vergleich: Man solle sich vorstellen, in New York auf einem Wolkenkratzer zu stehen. Wenn man nun hinunterschaut, so sieht man jede Menge verschiedener Autos, die vorbeifahren, ohne bleibenden Eindruck zu hinterlassen. Dann biegt ein Feuerwehrauto um die Ecke, mit laut tönender Sirene und Blaulicht. Dies weckt die Aufmerksamkeit und bleibt im Gedächtnis. Genau dieses »Feuerwehrauto« im Erzählen des Kindes gilt es zu bemerken. Das kann ein Halbsatz sein, eine wie nebenbei gemurmelte Bemerkung, ein Satz, der sich im Tonfall deutlich vom anderen Erzählen unterscheidet. Zu finden ist die entscheidende Äußerung über das Mitschwingen und den eigenen Felt Sense.

Es gibt auch nonverbales Saying Back, das über Gesten, Bewegungen oder das Einnehmen einer Körperhaltung geschieht. Hier liegt eine Überschneidung von Saying Back und Markieren vor.

Eine kurze Episode mit Saying Back könnte sich ungefähr so anhören:

> **KIND:** X. hat mich im Pausenhof so geärgert, er hat mich einfach nicht beim Fußball mitspielen lassen, obwohl ich darin so gut bin. Ich wäre fast vor Wut geplatzt.
>
> **BEGLEITER:** Da war so etwas wie: Ich könnte platzen vor Wut.
>
> **KIND:** Genau, ich war so wütend, weil Fußball in der Pause das einzig Schöne in der Schule ist.

Das wörtliche Zurücksagen der Wut ermöglicht es dem Kind, in seinem Erleben zu bleiben und einen weiteren Aspekt des Vorfalls zu spüren. Im Beispiel könnte es so weitergehen:

> **BEGLEITER:** Fußball ist das einzig Schöne an der Schule?
>
> (Hier könnte ein leichter, fragender Tonfall dazukommen, um das Kind einzuladen, nochmals zu überprüfen, ob es wirklich genau so ist oder doch vielleicht etwas anders.)
>
> **KIND:** Ja, mir macht nur Fußball Spaß, alles andere ist nur Mist. Aber wenn wir in Sport Fußball spielen, dann ist das auch cool.

Immer noch im Bereich des Listening würde sich jetzt eine Intervention aus dem Bereich des Partialisierens anbieten.

Partialisieren

Partialisieren ist eine Technik aus dem Focusing, bei der es darum geht, verloren gegangenen Freiraum zurückzugewinnen. Daneben ermöglicht es aber auch, zu bemerken, dass es neben dem momentanen Erleben noch weitere Erlebensanteile oder -möglichkeiten gibt.

Auch hier gibt der Begleiter nichts vom eigenen Erleben in den Prozess, von daher ist das Partialisieren eine Intervention aus dem Bereich des Listening.

Es kann vorkommen, dass man von einem Thema oder Gefühl völlig überwältigt wird. Auf einmal hat jemand vor etwas so viel Angst, dass daneben gar nichts mehr Platz hat. Von der kompetenten Fachperson, der liebevollen Freundin, dem hilfsbereiten Freund, der begeisterten Sängerin usw. ist nichts mehr zu spüren. Aus der Perspektive des Focusing ist klar: Dieser Mensch hat seinen Freiraum verloren – es gibt nicht mehr »Ich und meine Gefühle/Themen«, sondern nur noch dieses eine Gefühl. Ich bin dann völlig in Sorge, bin ängstlich oder depressiv.

Wie viel anders fühlt es sich an, wenn ich wieder das Ganze von mir mehr in den Blick nehme und feststelle: »Ja, da ist Angst, aber ich habe auch Kompetenzen, die mir in dieser Situation helfen.«

Hier hilft eine scheinbar simple, sprachliche Veränderung im Ausdruck: Alle Empfindungen, Gedanken und Gefühle sind willkommen, werden (innerlich oder laut) benannt mit dem kleinen Vorsatz: »Etwas in mir«. Das geht dann so: »Etwas in mir hat Angst; etwas in mir stellt sich vor, wie ich versage; etwas in mir sucht die Herausforderung« usw.

Manchmal braucht es eine gewisse Beharrlichkeit, bis etwas Positives, Unterstützendes oder Hilfreiches auftaucht. Man kann auch gut mit ähnlichen Satzanfängen arbeiten wie: »Ein Teil von mir ist ängstlich, ein Teil von mir möchte weglaufen …«

In einer Stunde mit einem Kind ist das oft der entscheidende Schritt: Wenn das Kind bemerkt, dass es mehr ist als das gegenwärtige Problem.

Das könnte dann so klingen:

KIND: Y. hat einfach meine Stifte genommen, ohne zu fragen. Ich will das nicht, das habe ich schon ganz oft gesagt. Ich bin so sauer auf Y.

BEGLEITER: Y. hat dich schon wieder nicht gefragt. Und ein Teil von dir ist richtig sauer deswegen.

KIND: Genau, ich bin richtig, richtig sauer.

Das Kind zeigt mir, dass der Ärger noch nicht ausreichend gewürdigt wurde. In diesem Fall wirkt das Partialisieren noch nicht als Hilfe.

BEGLEITER: Ich höre, dass du wirklich sehr sauer bist. Y. soll dich fragen, wenn sie etwas von dir nimmt.

KIND: Genau, das habe ich ihr auch schon ganz oft gesagt.

BEGLEITER: Genau, du hast Y. schon oft gesagt, dass sie nichts nehmen soll, ohne zu fragen. Das verstehe ich gut, und auch, dass ein Teil von dir sehr sauer ist.

KIND: Nicht nur ein Teil ist sauer, ein riesiger Teil von mir ist sauer.

BEGLEITER: Wie gut du es bemerkst, dass ein riesiger Teil von dir sauer ist. Ich vermute, dass da nicht viel anderes daneben Platz hat.

KIND: Ja … ich denke fast gar nicht mehr daran, dass Y. ja auch meine Freundin ist.

BEGLEITER: Gerade bemerkst du wieder, dass Y. ja auch deine Freundin ist.

Markieren

Darunter verstehen wir alle Einladungen an das Kind, Informationen mit in den Prozess einzubeziehen, die der Körper durch Bewegungen oder Haltungen dazugibt. Es kann sich um ganz kleine Bewegungen handeln, wie z. B. das Kreisen eines Daumens in der anderen Handfläche, oder um größere Bewegungen, wie z. B. Fäuste ballen. Wenn der Begleiter mit sich selbst verbunden ist, kann er mit einiger Übung gut spüren, wann eine Bewegung so bedeutsam ist, dass ein Markieren den Prozess weitertragen kann.

Das Markieren hilft oft, wenn der Prozess zu stoppen droht. Dann dient diese Technik dem Begleiter dazu, seinen Freiraum zu behalten. Es ist nicht notwendig, sich irgendeine schlaue Intervention auszudenken. Der Körper des Kindes gibt Hinweise, die den Prozess weitertragen.

Markieren kann schon bei einem erwachsenen Klienten Erschrecken oder Gefühle des Ertappt-Werdens auslösen. Daher ist es gut, sich weiche, sanfte Formulierungen bereits im Vorfeld zu überlegen und sie für sich auszuprobieren. So kann jeder Focusingbegleiter seine individuell passende Ausdrucksweise finden.

Bei Kindern, die ja noch öfters reale Situationen von Ertapptwerden und die damit verbundenen Gefühle erleben, ist eine freundliche, behutsame Einladung noch wichtiger. Eine mögliche Formulierung könnte sein: »Und während wir hier über … reden, kannst du/magst du vielleicht auch mal spüren, was dazu in den Händen (oder einem anderen Körperteil) zu finden ist.« Manchmal ist es sogar gut, davor noch einen Satz zu sagen in der Art von: »Du weißt ja schon, dass ich merkwürdige Fragen stelle und manchmal komische Ideen habe. Jetzt habe ich gerade wieder eine …«

Ist ein Kind mit dem Markieren vertraut, so formuliere ich mehr und mehr in Richtung einer kurzen, freundlichen Einladung: »Magst du mal auch in die Hände, Füße … spüren …«.

Mit dem Markieren kann man auch gut ein wenig herumexperimentieren, bis man als Begleiterin damit vertrauter wird. Dazu ist es möglich, selbst in die (kleine) Bewegung oder Haltung hineinzuspüren, um ein Gefühl dafür zu bekommen, ob und wie dort etwas Bedeutsames geschieht. Der Begleiter, die Begleiterin kann die Bewegung ausführen oder die Haltung einnehmen. Dies kann wie ein nonverbales Saying Back geschehen. Dazu kann man aber auch formulieren, dass man gerade versucht zu spüren, wie sich diese Bewegung des Kindes wohl anfühlen mag. In einem weiteren Schritt kann man das Kind einladen, mit der Bewegung zu experimentieren. Es kann die Bewegung noch einmal ganz bewusst ausführen, verlangsamen, beschleunigen, mit mehr oder weniger Kraft ausführen. Vielleicht entsteht schon bei diesen Experimenten ein Ton oder Geräusch, ansonsten kann man einladen, ein Geräusch kommen zu lassen. Zudem kann man auch spielerisch dem Körperteil eine Stimme geben und fragen, was er zu sagen hat.

Ein kleines Fallbeispiel dazu:

W. redet über die Streitereien in der Klasse. Beim Reden ballt er die Faust. Ich mache ihn ganz vorsichtig (!) darauf aufmerksam. (»Magst du mal die Hand angucken, ich glaube, die würde auch gerne bei unserer Unterhaltung dabei sein.«) Dann lade ich ihn ein, dass die Faust sich bewegen könnte. W. fängt an zu boxen, ich biete ihm meine Handflächen an. Nach einigen Boxschlägen frage ich ihn, was seine Hand sagen würde, wenn sie sprechen könnte. Er boxt weiter und stößt dazu aus: »Fühl den Schmerz, wie ich ihn fühle.« Er fügt hinzu, dass die Boxschläge den Vater treffen sollten.

Damit geschieht ein Schritt, der näher zum Ursprung seiner Aggressionen führt, was er bisher immer vermieden hatte.

Guiding

Die Gruppe der Guiding-Interventionen umfasst Anregungen zum Bilden eines Felt Sense, Fragen an den Felt Sense, Genauern, Modalitätenwechsel, Experimente und Response geben.

Fragen zum Finden eines Felt Sense

Ein Felt Sense beinhaltet mehr als das, was wir über etwas wissen. In ihm ist auch alles enthalten, was wir an Erinnerungen, Erlebnissen, Einstellungen, Haltungen, Erwartungen, Befürchtungen, Ängsten usw. mit dem Thema verbinden. Fragen wir also einen Felt Sense an, so darf und soll all das auch da sein.

Ich formuliere das ungefähr so: »Alles, was zu … (Thema benennen) dazugehört, kann jetzt da sein. Es darf auch alles dabei sein, was du schon darüber weißt, was du damit erlebt hast, und auch alles, was du noch nicht weißt. Such doch mal, wo du im Körper etwas davon spüren kannst? Lass dir Zeit dabei. Viele Menschen finden am leichtesten etwas in der Brust, dem Bauch oder dem Hals. Wo könnte in deinem Körper etwas zu finden sein?«

Immer wieder formuliere ich auch: »Spür mal, ob in deinem Körper etwas dazu zu finden ist.« Allerdings ist meine Erfahrung, dass »ob« eher die Antwort »Nein« hervorlocken kann. Es ist eine ungewohnte Frage, die ein Kind, auch ein Erwachsener, vielleicht noch nie zuvor gehört hat. Das kann natürlich verunsichern, und die scheinbar sichere Antwort ist dann »Nein«. Das Wort »Wo« signalisiert meine Sicherheit, dass irgendwo im Körper etwas zu finden ist und dies auch sein darf. Wenn das Kind sehr verhalten reagiert, lege ich meine Hand z. B. auf meine Brust und frage: »Könnte dort bei dir etwas darüber zu finden sein?«

Öfters kommt die Antwort: »Ich weiß es nicht.« »Ja«, bestätigte ich dann. »Du weißt es nicht und ich auch nicht. Aber du kannst es spüren, denn du bist in deinem Körper und ich nicht. Ich bin einfach da und warte mit dir.«

Damit versuche ich dem Kind die Botschaft zu geben: »Nur du allein kannst es spüren. Du alleine kannst entscheiden, ob es so ist und nicht anders.«

Das Kind soll und braucht keine Angst zu haben, etwas Falsches zu antworten. Falls notwendig, spreche ich das aber nochmals explizit aus. Wenn vom Kind dann dennoch eine Aussage kommt wie »Da ist nichts«, frage ich in einer anderen Modalität an, von der ich weiß oder vermute, dass sie dem Kind eher liegt. Das sind dann Fragen wie: »Welche Farbe könnte alles über … (Thema benennen) haben?«; »Wie fühlst du dich dabei?« …

Sehe ich eine spontane Bewegung als Reaktion auf die erste oder eine weitere Frage, so verweile ich bei dieser.

Wenn bei der Fragerichtung: »Wie ist es, wo spürst du …?« nichts zu finden ist, so probiere ich gerne den Konjunktiv. »Wenn du etwas spüren könntest, wo würde das am ehesten sein können?«; »Wenn es eine Farbe hätte, welche könnte es denn ungefähr sein?«

In der Einzelarbeit entsteht die Einladung an das Kind aus dem Gespräch. Nehmen wir an, das Kind kommt und erzählt anfangs einfach drauflos; dann kommt die Sprache auf etwas Schwieriges in seinem Leben. An diesem Punkt sage ich etwas wie: »Magst du hier mal einen Moment bleiben?« Wenn das Kind einverstanden ist, leite ich es ganz kurz an, einen Felt Sense zu finden. »Wenn du jetzt an diesen Streit denkst und an all das, was noch so dazugehört, wie ist es dann in dir? Was kannst du bemerken?« Gegebenenfalls helfe ich weiter mit Vorschlägen wie: »Gibt es eine Stelle im Körper, wo du etwas dazu spürst?« Oder: »Wie fühlst du dich dann?« Oder: »Gibt es dazu ein passendes Wort?« Kommen auf Fragen zu Gefühlen, inneren Bildern etc. Antworten, so frage ich das Kind, ob es dazu auch etwas im Körper finden kann.

Fragen an den Felt Sense

Der Felt Sense wird in Bezug auf »das Ganze von etwas« gebildet. Durch ihn bekommen wir Zugang zu dem, was alles in diesem Thema mitschwingt. Von daher ist es sinnvoll, sich viel Zeit zu lassen, um den Felt Sense zu erkunden. Alle Fragen, welche ich als Begleiter vorschlage, richten sich nicht an den Kopf, sondern direkt an den Felt Sense. Absicht ist es, das Kind länger mit dem Gespürten in Kontakt zu halten. Es geht nicht darum, dass ich als Begleiter Antworten haben möchte.

Es gibt Fragen, die helfen, den Felt Sense im Körper deutlicher zu spüren. So kann das Kind von einem diffusen Spüren im ganzen Körper zu einem klareren Ort gelangen, wo sich etwas deutlich zeigt. Die Fragen nehmen immer das auf, was das Kind bereits gesagt hat, und laden es ein, nochmals zu überprüfen, ob es tatsächlich genau so ist oder doch ein wenig anders. Dies nennt man im Focusing *genauern*. Die Technik, die hier oft zum Einsatz kommt, ist das obige »Saying back«.

Wie geht das konkret? Ein Kind erzählt beispielsweise von dem Kummer über den Verlust seiner Katze. Frage ich nun: »Gibt es irgendwo in deinem Körper eine Stelle, wo du etwas von deinem Kummer spürst?«, dann legen die Kinder fast immer die Hand auf die Brust. Es liegt so nah, dass etwas vom Kummer im Herzen gespürt wird. Beschreibt das Kind den Ort, ohne die Hand auf den Körper zu legen, so lade ich es ausdrücklich ein, dies zu tun – wenn es stimmig ist.

Schwieriger wird es, wenn das Kind antwortet, dass es z. B. die Angst vor der nächsten Klassenarbeit im ganzen Körper spürt. Hier helfen Fragen wie »Gibt es einen Bereich, in dem das Gefühl stärker ist?«, »Ist sie überall gleich stark zu spüren?« oder »Hat das, was du spürst, eine Form oder eine Farbe?«.

Diese letzte Frage leitet schon die Phase der Gestaltung ein. Denn sind Form oder Farbe klar, kann der Felt Sense symbolisiert aufgemalt werden. Weitere Fragen können das Kind dabei unterstützen, die Qualitäten genauer zu untersuchen. Die Frage nach angenehm oder unangenehm ist manchmal überflüssig. Trotzdem erlebe ich da immer wieder Überraschungen. Für mich ist eine Enge im Körper unangenehm, aber ich habe mit Kindern gearbeitet, die diese Enge als angenehmen Halt erlebt haben. Von daher ist es gut, eigene Bewertungen beiseite zu lassen und immer neu nach dem Erleben des Kindes zu fragen.

Bei der Erkundung der Qualitäten lade ich die Kinder gerne ein, passende Wörter zu finden. Ich schreibe hier nichts vor, habe aber gemerkt, dass es hilft, wenn ich Beispiele gebe. Diese orientieren sich an den bisher vom Kind gezeigten Inhalten. So kann ich Temperaturen wie kalt oder heiß, Gewichtsangaben wie schwer oder leicht oder auch Vergleiche anführen. In der Formulierung und Stimme sollte immer mitschwingen, dass dies nur Vorschläge sind und allein das Kind spüren kann, was passend ist.

Ist zu diesem Zeitpunkt schon etwas Gemaltes oder anderweitig Gestaltetes vorhanden, so verbinde ich das in meiner Einladung: »Hier auf deinem Blatt ist so etwas (z. B. Rotes, Zittriges), was in deinem Bauch ist. Gibt es zudem noch weitere Wörter wie angenehm, unangenehm, kalt, warm, hart, weich oder ganz andere?«

Nach dem Wort, welches das Kind als stimmig empfindet, richtet sich die Formulierung der nächsten Einladung. Nehmen wir an, das Kind beschreibt das Rote, Zittrige als heiß. Dann könnten wir gemeinsam Vergleiche suchen: »So heiß wie eine Suppe, wie ein Feuer oder etwas ganz anderes?« Gerne greifen die Kinder bei Wutthemen hier das Bild eines Vulkans auf.

Spätestens an dieser Stelle würde ich unbedingt eine Gestaltungsidee mit dem Kind entwickeln. Dann gibt es ein konkretes Etwas, auf das wir uns gemeinsam beziehen können. Die Fragen können dann auf die Symbolisierung hin formuliert werden und die Antworten müssen nicht mehr verbal ausgedrückt werden. Das Kind kann, ohne sprechen zu müssen, weitermalen oder -gestalten. Hier bietet sich an, im Hinblick auf einzelne Größen, Formen, Farben und Farbintensität Spüreinladungen zu formulieren.

Erst sehr spät frage ich dann, wie das Bild auf das Kind wirkt oder wie es ist, so etwas Rotes, Zittriges in sich zu haben. Weitere Fragen, die erst sehr spät gestellt werden sollten, sind z. B. sogenannte »Jokerfragen« wie: »Was braucht das Rote, Zittrige? Gibt es neben dem Roten, Zittrigen noch etwas anderes?« (Zu Jokerfragen mehr im nächsten Abschnitt.)

Meist haben die Kinder schon längst erzählt, worüber der Felt Sense geht. Wenn nicht, könnte hier ein Vorschlag kommen, einen Zusammenhang zwischen dem Gespürten und dem eigenen Leben herzustellen.

Wichtig ist es mir auch, zu erforschen, was es an Ressourcen gibt. Häufig malen die Kinder auf die Frage nach anderen Farben, die aufs Blatt gehören, etwas in einer deutlich helleren Farbe. Da frage ich ganz vorsichtig an, ob es im Leben des Kindes auch so etwas Helles gibt. Aber auch mit dieser Frage warte ich sehr lange. Das Anliegen des Kindes muss erst einmal da sein dürfen, nur dann hat das Kind eine Chance, etwas daneben zu finden.

Jokerfragen

Eine spezielle Form der Fragen an den Felt Sense sind die sogenannten »Jokerfragen«.

Der Joker im Kartenspiel wird üblicherweise eingesetzt, wenn mit den anderen Karten kein sinnvolles Weiterspielen mehr möglich ist. Ganz ähnlich verhält es sich mit den Jokerfragen. Natürlich können sie jederzeit eingesetzt werden. Besonders hilfreich sind sie aber, wenn der Focusingbegleiter nicht so recht spürt, was eine nächste gute Intervention sein könnte. So eine Jokerfrage könnte sein: »Was wäre jetzt gut?«

Mit dieser Frage verschafft sich aber nicht nur der Begleiter, die Begleiterin Freiraum. Auch das Kind wird damit bestärkt, (wieder) aktiver mitzuarbeiten. Die dahinterliegende Botschaft ist auch: »Du kannst spüren, wie es gut weitergehen kann.«

In den meisten Fällen spüren die Kinder sehr genau, was zu diesem Zeitpunkt stimmig wäre. Das kann auch sein, etwas ganz anderes zu tun, als weiter im Prozess zu bleiben.

Die zwei Standardantworten, die ich an diesem Punkt oft zu hören bekomme, sind: »Weiß ich nicht« oder »Egal«. Das zeigt für mich, dass ich noch ausführlicher anleiten sollte, wie eine Antwort über den Körper gefunden werden kann. Denn auch diese Jokerfrage richtet sich nicht an den Kopf. Vielmehr ist sie eine Einladung, dass das Kind diese Frage in Richtung Brust- und Bauchraum stellt und dann abwartet. Die Antwort kommt von innen her. Andere Formulierungen von Jokerfragen wären: »Wo ist es noch ein bisschen leichter ...?«, »Wie soll es jetzt weitergehen?« oder »Was brauchst du von dir, damit ...?«

In einem Kartenspiel wird nicht das ganze Spiel mit Jokern bestritten. Ähnlich ist es nach meiner Erfahrung in der Focusingbegleitung. Eine Jokerfrage zur richtigen Zeit kann ein sehr wirkungsvolles Instrument sein. Inflationär eingesetzt können Jokerfragen beim Kind hingegen zu einem Gefühl von Alleinegelassen-Werden führen.

Auch in Bezug auf die Jokerfragen gilt, dass Dinge gehört werden wollen. Erst dann kann eine Jokerfrage ihre volle Wirkung entfalten. Aber seien Sie unbesorgt: Das Kind, das vor uns sitzt, zeigt uns durch seine Reaktionen, wie es gut weitergehen kann. Ganz egal, ob es auf die Jokerfrage direkt reagiert oder nicht.

Modalitätenwechsel

Um einen Felt Sense mehr zu erkunden, ist es gut, mehrere Formen der Symbolisierung anzuregen. Findet das Kind ein Bild, so könnte gefragt werden: »Gibt es zu dem Bild so etwas wie eine Überschrift oder einen Titel?«

Weitere Informationen finden Sie im Absatz über Modalitäten.

Resonanz und Response

Wenn man den Prozess eines Kindes begleitet, nimmt man auch das eigene Erleben wahr. Das Kind und die Begleiterin sind in ihrem Erleben miteinander verbunden, nicht nur durch das, was gesagt oder getan wird. Das körperliche Mitschwingen des Begleiters macht es möglich, dass sich eigene Felt Senses bilden, die sich auf das Erleben des Kindes beziehen. Von hier aus ist zu bemerken: Wie geht es mir mit diesem Kind, wie wirkt es auf mich? Entstehen bei mir Hypothesen, innere Bilder, Emotionen usw.? Dies wird mit dem Begriff »Resonanz« bezeichnet.

Diese Resonanz wird aber nicht direkt in den Prozess eingebracht. Sie ist vielmehr die grundlegende Basis, aus der alle weiteren Schritte erwachsen. Listening und vor allem Saying Back brauchen diese Art des Mitschwingens genauso wie alle Guiding-Schritte.

Es kommt während eines Prozesses immer wieder vor, dass das Kind stockt. Häufig geschieht das dann, wenn es in alte Muster verfällt, wo nur wenig Entwicklung möglich ist. Dann braucht das Kind einen Impuls von außen, damit der Prozess weitergehen kann. Hier kann es immer wieder einmal angebracht sein, dass der Begleiter die eigene Resonanz zur Verfügung stellt. Das Einflechten einer eigenen Resonanz geschieht in Form eines Response, was bedeutet, dass der Begleiter die Symbolisierung der Resonanz zur Verfügung stellt. Dies erfordert Mut, Respekt und behutsame Formulierungen. Die Begleiterin zeigt sich hier viel deutlicher als Person, was Mut erfordert, gleichzeitig muss sie darauf achten, dass sie nicht als mächtige Erwachsene das kindliche Erleben beeinflusst.

Der Response kann zum einen beinhalten, wie es dem Erwachsenen gerade mit dem Kind geht. Zum anderen kann sich der Response in den unterschiedlichen Modalitäten darauf beziehen, was gerade das Thema, der Prozess und das Erleben des Kindes ist.

Als Erstes fragt der Begleiter an, ob das Kind etwas davon hören möchte, was in ihm entstanden ist. In aller Regel möchten die Kinder gerne hören, was der Erwachsene zu sagen hat. Nach der Erlaubnis durch das Kind erzähle ich kurz und vorsichtig und ohne bewertende Zuschreibungen mein inneres Bild, Gefühl etc. Dann gebe ich dem Kind die Gelegenheit, etwas zu meinen Äußerungen zu sagen. Möchte es Teile davon zu sich in Beziehung setzen, dann begleite ich es.

Das Geben eines Response könnte sich ungefähr so anhören:

Das Kind steckt in einer Sackgasse.

BEGLEITER: Bei mir ist so ein inneres Bild entstanden, magst du davon etwas hören?

Das Kind nickt.

BEGLEITER: Ich habe das Bild von einem kleinen Vögelchen, das am Rande seines Nestes steht. Es krallt sich ganz fest in den Rand und möchte doch so gerne fliegen können.

Das Kind nimmt spontan Bezug: Ich glaube, das Vögelchen hat Angst zu fliegen, weil es doch das erste Mal ist.

Oder es gibt ein zustimmendes, nonverbales Signal.

BEGLEITER: Passt von dem Bild etwas für dich?

KIND: Ja, ich trau mich auch neue Sachen oft nicht.

Möchte das Kind nichts hören, ist dies erst einmal strikt zu befolgen. Allerdings achte ich an diesem Punkt sehr genau auf das, was ich bei der Ablehnung beim Kind wahrnehme. Irgendwann wird es vielleicht wichtig sein, darauf zurückzukommen. Jedoch nicht in dem Sinne, dass ich mein Gefühl von Ablehnung thematisiere. Vielmehr kann es dazu dienen, z. B. auf Ängste des Kindes aktuellen Bezug nehmen zu können, der direkt aus der Begleitung erwachsen ist.

Lehnt das Kind also Teile oder den ganzen Response ab, so ziehe ich meinen Vorschlag zurück. Dabei sage ich noch einmal ausdrücklich, dass es um das Erleben des Kindes geht. Das könnte dann so klingen:

Der Begleiter schildert das Bild.

KIND: So ist es aber gar nicht. Das ist bei mir ganz anders!

BEGLEITER: Ah, bei dir ist es anders. Wie gut, dass du das bemerken kannst, dann lass uns bei dem bleiben, wie es für dich ist.

Oft bleibt dann für den Begleiter die Aufgabe, die eigenen inneren Kritiker zu beruhigen. Auch wir Erwachsenen möchten es ja gut und richtig machen. Gerne kommen bei einem abgelehnten Response kritische Anteile, die uns sagen wollen, wie falsch das gerade war. Diesen kann man freundlich entgegensetzen, dass gerade die Ablehnung durch das Kind ein wichtiger Schritt ist. Zum einen gibt es dem Kind die Gelegenheit, seinem Autonomiebestreben erfolgreich und mit Anerkennung nachzugehen. Die Beziehung zum Begleiter wird dadurch gefestigt.

Zum anderen ist Ablehnung als Impuls viel stärker zu spüren als Zustimmung. Das können Sie immer wieder selbst ausprobieren: Lassen Sie einen Felt Sense zu etwas Angenehmem entstehen und dann zu etwas Unangenehmen. Sie werden merken, die Ablehnung ist stärker und schneller zu bemerken.

Daher verbinde ich die Ablehnung sofort mit der Einladung an das Kind, das Eigene zu spüren. Dem inneren Kritiker aber kann gesagt werden, dass der abgelehnte Response den kindlichen Prozess vielleicht stärker unterstützt hat, als es ein genau passender gekonnt hätte.

Die Focusing-Grundhaltung

Beim Begleiten von Focusingprozessen praktizieren wir das dreifache Hören. Zum einen hören wir selbstverständlich dem Kind zu, was es sagt und erzählt. Dazu nehmen wir aber auch die Stimme des eigenen Körpers wahr, da wir über den eigenen Felt Sense wichtige Informationen bekommen und auch daraus weitere Schritte finden können. Zusätzlich ist es aber wichtig, immer wieder auch etwas vom Gesamtgefühl und -geschehen dazu zu nehmen. Wenn z. B. im Raum etwas sehr Abwertendes schwingt, prüft die Begleiterin, ob sie davon etwas in sich hat. Ansonsten ist davon auszugehen, dass dies etwas ist, was das Kind mitbringt, erlebt hat und gerade in den Raum gibt.

Es ist, wie wenn man von einer Suppe kostet, die gemeinsam entsteht. Lassen Sie mich dieses Bild noch etwas vertiefen. Denn wie ein Rezept aus mehreren Zutaten besteht, so hat auch die Grundhaltung im Focusing verschiedene Bestandteile.

Zum Bild der Suppe passt hervorragend, dass Eugene Gendlin immer wieder auf die Bedeutung des gemeinsam geteilten Raumes hinweist. Die Suppe entsteht in einem Topf; gäbe es diesen nicht, so wäre das Kochen völlig unmöglich. Im menschlichen Miteinander braucht es nicht unbedingt sichtbare Abgrenzungen eines gemeinsamen Raumes, wie Mauern, Türen, Stellwände etc. Natürlich ist ein gemütliches Therapiezimmer angenehm, aber ein gemeinsamer Raum kann auch unsichtbar, aber spürbar entstehen. Vielleicht kennen Sie das auch: Bei einer Veranstaltung sehen Sie zwei Menschen, die sich ganz intensiv unterhalten. Es wirkt, als wenn die beiden wie in einem eigenen Raum stehen würden. Man hat Scheu, einfach hinzugehen und sich ins Gespräch einzumischen. So kann ich mit einem Kind auf dem Schulhof, in der Materialkammer oder auch neben seinem Stuhl hockend und mit ihm flüsternd einen gemeinsamen Raum schaffen.

Das Internet bietet alle möglichen Softwarelösungen für weitere Räume an, die man nutzen kann. Der geteilte Raum geht dann von Deutschland nach Amerika, physische Grenzen können aufgehoben werden.

In diesen Topf des gemeinsamen Raumes füllen wir die Suppengrundlage, die Carl Rogers bereits vorbereitet hat. Er formulierte drei Haltungen des Therapeuten, die ein neues Beziehungsangebot an den Klienten darstellen. Dies sind Empathie, bedingungslose Akzeptanz und Echtheit.

Der Therapeut wird durch Empathie und Akzeptanz zu einem Gegenüber, das sich in den Klienten einfühlt und versucht, die Welt durch dessen Augen zu sehen. So wird ein angstfreier Raum geschaffen, in dem sich der Klient mehr und mehr öffnen kann. Gleichzeitig wird aber der Therapeut auch greifbarer durch die Echtheit, das dritte Element. Alle drei Grundzutaten sollten in einem ausgewogenen Verhältnis zueinanderstehen. Ansonsten wird schon die Suppengrundlage ungenießbar.

Fehlt die Empathie, so ist jeglicher Versuch, ein hilfreiches Gespräch zu führen, sinnlos, oder haben Sie schon einmal eine Suppe ohne Flüssigkeit gekocht? Ist zu viel Empathie da, aber keine Echtheit, so wird dies von Klienten wahrgenommen. Die Suppe wird schal, verwässert und ohne Salz. Fehlt die bedingungslose Akzeptanz, dann kann der Therapeut die Werte und Verhaltensweisen seines Klienten nicht nachvollziehen. Er sieht die Welt weiterhin mit seinen Augen, nicht mit denen des Klienten. Es fehlen der Suppe die Fettaugen, und Fett ist ja auch ein Geschmacksträger. Auch hier schmeckt die Suppe fad und leer.

Eugene Gendlin nimmt die Grundlage von Carl Rogers und gibt seine Zutaten dazu. Von Anfang an ist für ihn aber klar: Diese Suppe wird nicht nur vom Therapeuten für den Klienten angerichtet. Es sind zwei, die kochen und sich im besten Fall nähren. Der Begleiter darf und soll mit sich in der gleichen Weise umgehen wie mit dem Klienten. Der Klient ist eingeladen, diese Haltung des Gegenübers nicht nur zu genießen. Vielmehr kann er nach und nach wenigstens teilweise zu einer derartigen Haltung seinem eigenen Erleben gegenüber gelangen.

Nun köchelt also unser Gemisch aus Wasser, Salz und Fett. Kennen Sie das Märchen von der Steinsuppe? Dort legt ein schlauer Wolf einen Stein in den Topf, um Suppe zu kochen. Er bittet alle anderen Tiere, die mitessen wollen, um Beiträge in Form von Gemüse und Fleisch. Zum Schluss nimmt er den Stein heraus, packt ihn wieder in den Rucksack, und alle essen die köstliche Suppe. Ganz ähnlich müssen wir vorgehen, wenn wir mit einem Kind eine heilsame Suppe kochen wollen. Jeder von uns hat seinen Stein von belastenden Themen und Gefühlen in sich, oft auch mehrere. Im Gegensatz zu dem Vorgehen des Wolfes legen wir aber zu Beginn der Kochaktion die Steine in einem guten Abstand von uns ab. Gedanklich geben wir ihnen einen guten Ort, so nah oder fern, wie es zuträglich ist. Sie sind dabei, wir können uns gegebenenfalls auf sie beziehen. Das hat einen guten Grund: Ich kann mir vorstellen, wie laut der Stein des Wolfes im Topf beim Kochen wurde und wie beschwerlich das Umrühren war. Dieses Steine-Herausnehmen aus dem Kochtopf ist das, was Gendlin mit »Freiraum schaffen« umschreibt. Wir machen schwierige Gefühle und Themen zu einem »Etwas« und bringen dieses Etwas in einen guten Abstand zu uns selbst.

Nun geben wir zuerst Kartoffeln in die Brühe. Denn eine gute, nährende Suppe enthält Stärke. Die Stärke von Focusing ist das Vertrauen. Das Vertrauen darauf, dass der Organismus des Menschen immer versucht, nicht nur sein Überleben zu sichern. Vielmehr ist er bestrebt, Schritte zur

Selbstentfaltung, Individualität und zum Entfalten aller Möglichkeiten zu finden. Gendlin beschreibt kleinschrittig, exakt und wissenschaftlich untermauert, wie im Rahmen von Prozessen solche Schritte entstehen. Voraussetzung ist, dass das körperlich Spürbare zu dem Thema, der Situation usw. da sein darf und als Ausgangspunkt genutzt wird. Dies nennt er »carrying forward«. Aber schon vor ihm gab es Menschen, die dieses Vertrauen beschrieben. Auch Carl Rogers hatte dies unter dem Begriff »Aktualisierungstendenz« in seinem Therapieansatz. Er arbeitete mit Naturwissenschaftlern zusammen, die dieses Konzept wissenschaftlich untermauerten. Auch außerhalb der Psychologie findet man Beispiele für diese Haltung des Vertrauens, etwa bei Maria Montessori, die zu Anfang des 20. Jahrhunderts ihre These vom »inneren Bauplan« des Kindes formulierte.

Meine nächste Zutat sind Steinpilze. Ungewöhnlich, gewiss. Genauso ungewöhnlich wie die Absichtslosigkeit, die sie repräsentieren. Steinpilze, eine Zutat, die in minderer Qualität käuflich zu erwerben ist. Ansonsten muss man sie immer wieder suchen, was nicht einfach ist. Ohne Absichtslosigkeit kann aber das Kind nicht auf sich selber hören. Haben wir im Sinn, ein Symptom zu beseitigen, können wir nicht mehr mit innerlicher Freiheit den Prozess des Kindes begleiten. Gleichzeitig fordern die Auftraggeber (Eltern, Lehrer, Krankenkassen) verständlicherweise rasche Symptombeseitigung.

Der Pilzsucher kennt irgendwann seine Plätze, erkennt Wälder, wo es sich lohnen könnte zu suchen. Genauso ist es mit der Absichtslosigkeit, sie muss immer wieder neu gesucht werden. Im Laufe der Zeit lernt man, sie im Vertrauen auf die Kraft des Klienten immer wieder zu finden. Auch die Pilzsucher (nicht -sammler) zeigen eine große Absichtslosigkeit. Sie schauen, was da ist, und freuen sich, wenn etwas wächst. So bewahren sie sich ihre Freude an der Suche und vermeiden Frustration, wenn mal wieder kein Speisepilz zu finden ist. Ganz ähnlich verändert die Absichtslosigkeit die Begegnung zwischen Begleiter und Kind.

Nun muss unsere Suppe kochen, also stellen wir sie auf den Herd. Dabei ist es notwendig, die Hitze im Auge zu behalten. Achtsam regulieren wird diese, damit die Zutaten sich verbinden und eine wohlschmeckende Nahrung ergeben. Ist die Herdplatte zu klein oder die Temperatur zu gering, so wird das Essen nicht gar. Schalte ich zu viel Hitze ein, so kocht das Essen über, verklebt den Herd oder brennt an. Achtsamkeit ist auch eine absolut notwendige Grundhaltung im Focusing. Ohne Achtsamkeit verläuft die Stunde möglicherweise mit Geplauder, oder Bemerkungen und Interventionen verletzen das Gegenüber. Das Wichtigste aber ist: Ohne Achtsamkeit kann ich keinen Felt Sense, also das körperlich Spürbare zu einer Situation, einem Thema usw. finden.

So, wie der Koch mit Achtsamkeit sein Messer handhabt, werden durch die Achtsamkeit die Interventionen und Techniken des Focusing zu einem hilfreichen Werkzeug.

Ich habe ein Kommunikationsspiel zweimal in verschiedenen Kontexten erlebt. Einmal wurde es mit Achtsamkeit angeleitet, und es war wunderbar und hat Verbindungen zwischen den Menschen geschaffen. Beim zweiten Mal wurde es ohne Achtsamkeit als »Eisbrecher« in einer Veranstaltung genutzt. Das war ein großer Unterschied, die seelischen Verletzungen waren erheblich.

Wenn wir unserer Suppe nun noch Gewürze zugeben, wie Majoran und Pfeffer, so steht dem gemeinsamen Genuss nichts mehr im Weg. Die Gewürze hängen vom Geschmack der Esser ab. Genauso, wie die Auswahl der angewandten Interventionen und Techniken von der Situation und dem Thema abhängen.

Wenn wir nun noch als Krönung einen Löffel von der Sahne der Herzlichkeit hinzugeben, ist die Suppe fertig.

Ich wünsche Ihnen und den Kindern »Guten Appetit«. Hier noch das Rezept zum Nachkochen:

1 KOCHTOPF: DER GETEILTE RAUM

1 Feuerstelle: Achtsamkeit

Küchengeräte:
1 leeres Gefäß: Freiraum
1 Liter Wasser: Empathie
1 Teelöffel Salz: Echtheit
1 Esslöffel Öl: Akzeptanz
1 Kilogramm Kartoffeln: carrying forward
200 Gramm Steinpilze: Absichtslosigkeit
Gewürze nach Belieben: Interventionen, Methoden, Techniken etc.

2

DIE PRAXIS

Freiraum schaffen

Beim Freiraum-Schaffen geht es immer darum, etwas Distanz zu den belastenden Themen zu bekommen. Erst einmal ist es wichtig, als Begleiter einfach da zu sein und zuzuhören. Schon das wirkt und hat oft zur Folge, dass die Themen ein bisschen kleiner und leichter werden.

In der Arbeit mit Erwachsenen geschieht Freiraum-Schaffen meist imaginär. Das ist auch mit Kindern möglich. Ich erlebe es vor allem in Situationen, wo kein Material greifbar ist und/oder rasche Hilfe notwendig ist, als hilfreich. Die Kinder haben alle schon genügend Bilder von Monstern oder anderen schrecklichen Gestalten gesehen. Daran anknüpfend finden sie leicht eine Gestalt, die ihren Felt Sense zu dem Ganzen von dem Thema darstellt. Von da an ist es nur noch ein kleiner Schritt. Die Gestalt darf ausziehen – ob sie nun zehn Zentimeter von dem Kind entfernt auf einem Schal sitzt oder mit ihren Kumpels eine Strandparty feiert, ist dabei nebensächlich. Das Thema ist zu einem »Etwas« geworden, auf das wir uns beziehen können.

Freiraum schaffen durch Bewegung kann helfen, verloren gegangenen Freiraum wiederherzustellen. Das kann ganz klein sein: Ich stehe mit dem Kind auf, gehe herum, schaue aus dem Fenster oder verlasse das Haus. Die Fortbewegung des Körpers aus der überwältigenden Situation unterstützt, sich auch von den Gefühlen zu entfernen. Allerdings braucht es aufseiten des Erwachsenen die Sicherheit und Entschlossenheit, dass es notwendig ist, die Situation zu verlassen. Im Eingangskapitel bin ich kurz auf die Szene eines tobenden Kleinkindes an der Ladenkasse zu sprechen gekommen. So einen dreijährigen Knirps kann ich notfalls aus der Situation tragen. Bei einem wütenden Zehnjährigen ist das schon schwieriger. Hier sind kreative Lösungen gefragt: Ablenkung, Übertreibung, Humor, paradoxe Intervention, was immer Sie als Werkzeug parat haben. Entscheidend ist, das Kind zu erreichen, damit es in Beziehung mit dem Begleiter geht. Damit ist der erste Schritt getan: Es gibt dann nicht mehr nur das völlig überflutete Kind, das den Kontakt zu sich selbst verloren hat. Jetzt gibt es neben den heftigen Emotionen auch den anderen Menschen. Damit ist etwas in dem Kind in Bewegung geraten und weitere Schritte werden möglich. Auch das Greifen nach einem Buntstift ist eine Bewegung, die zeigt, dass bereits ein winziger Freiraum entstanden ist.

Es gibt Situationen und Emotionen, wo mehr Bewegung sinnvoll ist. Stampfen, Boxen, Sich-Schütteln, Sich-Abklopfen und Ähnliches sind Formen der körperlichen Bewegung, die dem Kind helfen, sich wieder zu spüren. Der Stress wird reduziert und das Kind kann ruhiger werden. Unser Gehirn kennt bei übergroßen Emotionen die drei Reaktionen Kämpfen, Fliehen oder Sich-Totstellen. Wut will kämpfen, Angst eher fliehen. Beide Aktionen sind mit Bewegung verbunden. Zwingen wir ein Kind in so einer Situation, still dazusitzen, sammelt sich im Körper eine

Menge Energie, die eine Entladung braucht. Wird diese Energie immer wieder gestaut, ohne dass eine Spannungsabfuhr möglich ist, kann das zu Problemen führen.

Freiraum schaffen durch Malen

Am häufigsten verwende ich das Malen als Medium zum Freiraum-Schaffen. Grundprinzip ist hier, dass der Ausdruck des Felt Sense in Farbe, Form und Struktur mit Malsachen aufs Papier kommt. Gut geeignet sind eher kleinere Papierformate. Es geht ja nicht darum, realistische ausführliche Darstellungen von Themen aufzumalen. Dabei besteht immer die Gefahr, richtig ins Thema einzusteigen. Natürlich ist es möglich und sehr üblich, so in die Begleitung einzusteigen. Hier will ich aber auch aus didaktischen Gründen beim Freiraum-Schaffen bleiben.

Die kleinen Freiraum-Zettel können nach dem Bemalen oder auch Beschriften gefaltet oder verklebt werden. Auf die Möglichkeit des Verklebens und damit des Sicherns vor fremden Blicken weise ich zu Anfang hin. Jedes Kind kann spüren, was der richtige Umgang mit seinen »Sorgen-Zetteln« ist. Danach brauchen die Sorgen-Zettel einen guten Ort. Es ist wichtig, dass es ein guter Ort ist. Denn die Grundhaltung ist ja: Wir begegnen freundlich allem, was auftaucht.

Die im Handel erhältlichen »Sorgenfresser« sind wohl die teuerste Variante zum Deponieren von Freiraum-Zettelchen. Genauso tauglich sind aber auch leere Verpackungen wie Teeboxen, Käseschachteln, Pralinenschachteln oder leere Schraubgläser. Diese Behälter haben den Vorteil, dass sie vom Kind selbst gestaltet werden können. Neben dem Beziehen mit Papier können hier auch Bilder von individuellen Schutz- und Helferwesen ihren Platz finden.

Oft braucht es noch nicht einmal diese aufwendige Gestaltung. Es ist auch hilfreich für die Kinder, wenn sie ein Blatt mit vorgemalten Gefäßen oder Kästchen bekommen. Dann können sie auswählen, welcher Sorgenzettel in welchen Behälter geklebt wird. Das Kind kann auch direkt in das Blatt hineinmalen. Bei Jugendlichen hat sich ein Vordruck mit einfachen Boxen bewährt. Eine schöne Variante mit solchen Blättern geht so: Ich versehe jeden gezeichneten Behälter mit einem Schnitt an passender Stelle. Dann klebe ich ein zweites Papier von hinten dagegen. Wenn ich den Kleber in die Zwischenräume der Gefäße auftrage, entstehen so kleine Container. Die Front bleibt frei für Schutz- und Helferwesen. Je nach Alter und familiärem Hintergrund kann die Bandbreite von einem Teddy über Spiderman bis hin zu einem Engel reichen.

Freiraum-Schaffen mit Malen kann auch ganz anders weitergehen: Ist die Sorge aufgemalt, so kann der Zettel zu einem Schiff gefaltet und real in ein fließendes Gewässer gesetzt werden. Das kann ein sehr eindrückliches Erlebnis sein. Gelegentlich brauchen solche Sorgen-Zettel einen Transformationsschritt. So habe ich schon (unter Beachtung aller notwendigen Vorsichtsmaßnahmen) Sorgen-Zettel verbrannt. Auch in manch einem Komposthaufen oder Schulgarten dürfen sich Sorgen verwandeln.

Das Pfiffigste, was ein Kind einmal zu mir gesagt hat, war: »Ich lege den Zettel daheim in die Tiefkühltruhe, vielleicht kann ich ihn noch einmal gebrauchen.«

Vielfach haben die Kinder den Wunsch, die Freiraumgefäße bei mir zu deponieren. Dann bespreche ich mit den Kindern, wie ich damit umgehen soll. Vor allem als Klassenlehrerin war es notwendig, dies zu klären. Manche Kinder wollten nur, dass die Dinge bei mir unter Schutz sind, bei anderen sollte ich die Zettel ansehen und nichts dazu sagen. Es reichte ihnen, dass ich Bescheid wusste. Daneben gab es aber auch Kinder, die dann mit mir über ihre Sorgen reden wollten.

Nach meiner Erfahrung hat Freiraum-Schaffen auch seinen Platz bei spezifischen Schulschwierigkeiten z. B. in Rechnen und Deutsch. Daher steht in den fächerorientierten Förderstunden das Thema

Freiraum-Schaffen genauso an wie die konkreten Übungen. Dafür habe ich in den Heften oder Arbeitsblättern einen sehr breiten Rand eingezeichnet. Hier findet parallel zu den Aufgaben die kontinuierliche Auseinandersetzung mit dem Freiraum-Thema statt. Dabei können die Kinder wichtige Erfahrungen machen. Sie bemerken, auf welche Weise sie zu mehr oder weniger Freiraum kommen und was unterstützend oder triggernd wirkt. So kann ein Kind allmählich seine Abneigung und Ängste gegen Rechtschreibung oder Rechnen verringern.

Bei Schmerzen oder sehr klar lokalisierbaren Körperempfindungen arbeite ich gerne mit einem Körperschema. Dafür kann sich das Kind entweder selbst einen Körperumriss aufzeichnen oder ein vorgedrucktes Blatt nehmen. Ich habe zwei unterschiedliche Vordrucke, einen für jüngere Kinder und einen vereinfachten »Lebkuchenmann«-Umriss für ältere Kinder. Beide sind geschlechtsneutral. In den Umriss kann mit Farbe hineingemalt werden. Für ein Mädchen wurde das zu einem richtigen Ritual. Jede Stunde begann sie damit, sich einen Körperumriss aufzuzeichnen und ihre vielfältigen Schmerzen einzutragen. Dann knallte sie mir das Blatt hin mit dem Ausruf: »Da!« Danach wechselte sie ohne weitere Worte zu etwas ganz anderem über.

Ich bevorzuge es, wenn die Kinder ihren Umriss selbst malen. Zum einen sehe ich dabei etwas über Entwicklungsstand, Selbstbild und Selbstwahrnehmung, was beim vorgefertigten Schema entfällt. Zum anderen lösen Kinder die Geschlechtszuordnung dann auf ihre Weise. Ob sie Hosen oder Rock wählen, Genitalien malen oder das Schema unspezifisch lassen, ist dann ihre Entscheidung. Aber ich weiß auch, dass viele Kinder sagen: »Ich kann keinen Menschen malen.« Um nicht an solchen Ängsten zu scheitern, gibt es die Vordrucke.

Arbeite ich mit Gruppen oder Klassen, ist der Anfang genauso: Die Kinder spüren, was sie gerade bedrückt und geben das in symbolischer Form aufs Papier. Der gute Ort für die Sorgen kann natürlich auch hier individuell gestaltet werden. Das würde aber keine gemeinsame Erfahrung bewirken. Daher gestalte ich mit den Kindern zu Beginn, noch vor dem Malen der Freiraum-Zettel, gemeinsam einen guten Ort. Das kann ein starker Baum auf einem großen Papier sein (mindestens Flipchart-Größe), so, wie ich es von Marta Stapert gelernt habe. Mittlerweile bevorzuge ich es aber, mit den Kindern eine Landschaft mit guten und sicheren Orten zu gestalten. Jedes Kind malt auf ein DIN-A6 oder DIN-A5-Blatt einen Bestandteil der Landschaft, der ihm besonders wichtig ist. Von den Kindern habe ich gelernt, dass auch Menschen in dieser Landschaft sein sollten. Diese kleinen Zettel werden dann auf dem großen Papier arrangiert und festgeklebt.

Dann malen die Kinder Verbindungen zwischen den einzelnen Bildern. Beim Gruppieren und Verbindungen-Malen gilt die Regel: Wer das Blatt eines anderen Kindes verschiebt oder teilweise überkleben will, muss den Maler fragen. Dasselbe gilt für das Schaffen von Verbindungen: Wer in das Blatt eines anderen Kindes hineinmalen möchte, braucht dessen Erlaubnis. Eine wunderbare Gelegenheit, ganz nebenbei Rücksicht und Achtung vor den Grenzen anderer Menschen zu üben.

Nach dem Gestalten der Landschaft gebe ich eine Achtsamkeitsanleitung, damit die Kinder wieder bei sich ankommen und in sich hineinspüren können. Die gemalten Freiraum-Zettel bringen die Kinder dann zur Landschaft und kleben sie an den richtigen Ort. Bei ganzen Klassen ist es günstig, wenn man zu zweit ist. Denn bei der Landschaft steht der Focusingbegleiter und bietet seine Unterstützung an. Manche Kinder möchten gerne über ihre Zettel sprechen, andere nicht. Je älter die Kinder werden, umso mehr gebe ich den inhaltlichen Austausch in die Peergroup. Ich bleibe da als Angebot, aber Banknachbarn, Freundin oder vertraute Kleingruppen sind ausdrücklich für den Austausch erlaubt. Daher hat es sich bewährt, wenn ich mit Gruppen oder Klassen arbeite, Zeit in das Üben von gegenseitigem Zuhören zu investieren.

Ja, es ist laut und wuselig bei solchen Aktionen. Gleichzeitig ist aber auch eine Ernsthaftigkeit und Intensität in der Gruppe zu spüren, die ganz wunderbar ist. Wenn möglich, bleibt das entstandene Freiraum-Bild im Zimmer der Gruppe oder der Klasse. Dann muss noch ein guter, ritualisierter Umgang mit den Freiraum-Zetteln gefunden werden. Dies ist dann die Aufgabe der Gruppenleiter oder Klassenlehrer.

Freiraum schaffen durch Installationen

Immer wieder reicht einem Kind die Möglichkeit des zweidimensionalen Malens nicht aus. Es braucht die dritte Dimension, richtige Gebilde, um das auszudrücken, was wichtig ist. Ein Beispiel hierfür ist in meinem erwähnten Artikel »Ein neues Zuhause für Herrn N.« beschrieben. Hier sperrte ein Mädchen seine Freiraum-Gebilde in Flaschen, die sie mir übergab, zusammen mit genauen Anweisungen, wie diese zu behandeln seien. Bei Jungs entstehen gelegentlich Maschinen aus Pappschachteln und anderen Materialien. In diesen Maschinen werden die Sorgen verarbeitet und kommen verändert hervor. Bei solchen Installationen ist der Übergang vom Freiraum-Schaffen in den Prozess fließender als beim Malen. Das Material hat einen so hohen Aufforderungscharakter, dass die Kinder wie von selbst beginnen zu experimentieren und in die Phase des Genauerns eintreten.

Freiraum schaffen mit Gegenständen

Freiraum schaffen mit Gegenständen ermöglicht wieder neue Handlungsmöglichkeiten. Prinzipiell würde vieles davon auch mit einem gemalten Bild machbar sein. Aber Gegenstände haben mehr den Aufforderungscharakter, sie anzufassen, zu verschieben und mit der Entfernung zu experimentieren. Was an Gegenständen benutzt wird, hat für mich immer auch damit zu tun, was gerade da ist. Jedes Material hat einen anderen Vorteil und auch unterschiedliche Anwendungsgebiete. So sind Kuscheltiere und Puppen für jüngere Kinder einladend, Bausteine eher für ältere Kinder und Jugendliche. Bei Puppen und Kuscheltieren wird der freundliche Umgang mit dem, was da ist, gefördert. Allerdings braucht es dann in der Auswahl auch monstermäßige und gefährliche Objekte. Ein Häschen eignet sich nicht sehr gut als Symbol für eine große Wut. Da ist ein Drache oder Krokodil schon geeigneter. Damit kann das Kind ausprobieren, welcher Abstand zu dem Tier sich gut anfühlt. Manchmal muss dann so ein tierischer Vertreter vor die Tür oder in den Schrank. Doch auch dann überlege ich mit dem Kind, was der Stellvertreter braucht, damit es gut für ihn ist. Die Kinder verstehen das sofort, denn sie wissen, dass sie möglichst schnell eine unangenehme Situation verlassen wollen. Im weiteren Prozess kann immer wieder auf diesen Stellvertreter zurückgegriffen werden, wie das z. B. im Kapitel »Puppen als Arbeitsmaterial« beschrieben ist.

Der Vorteil von Bauklötzen ist die Reduktion auf einfache Formen. Nimmt man lackierte Bausteine, so lassen sich diese mit non-permanenten Folienschreibern auch beschriften. Denn egal auf welche Weise man Freiraum schafft, häufig tauchen mehrere Themen auf. Bausteine haben vergleichbare Größen, damit ist es einfach darzustellen, welches Thema einen großen Raum einnimmt und welches einen kleineren. Das korreliert nicht unbedingt mit der Einschätzung der Themen durch den Erwachsenen. Genau hier ist es gut, dass wir im Focusing nicht auf die Symptome oder Themen schauen, sondern auf den Umgang damit.

Entfernungen und Größen von Gegenständen beim Freiraum-Schaffen sind messbar. Damit können Schritte sehr deutlich gemacht werden. Ein Kind mit großer Angst kann im Laufe der Zeit feststellen, dass es näher und näher herangehen kann, ohne in die Angst hineinzufallen. Ein Problem, das am Anfang den größten Bauklotz zur Darstellung brauchte, ist auf einen mittleren geschrumpft. Solche sichtbaren Veränderungen geben dem Kind Zuversicht und Selbstvertrauen (zurück).

Malen

Malen ist für mich das einfachste Ausdrucksmittel, um ein Kind in seinem Focusingprozess zu unterstützen. Unsere derzeitige Umwelt ist sehr stark visuell geprägt, überall sind wir mit Bildern konfrontiert. Von daher ist die Einladung: »Welche Farbe passt für dich zu diesem …, das du spürst?« für die Kinder meist recht leicht umzusetzen. Deutlich mehr Schwierigkeiten macht der Vorschlag: »Finde zu diesem ›Etwas‹ eine Bewegung.« Manchmal sehe ich eine spontane Bewegung, die ich aufgreifen kann. Ansonsten aber fühlen sich die Kinder oft hilflos und verwirrt, wenn ich vorschlage, z. B. eine Bewegung zu ihrem Namen zu finden, die gerade passend ist.

Da ich sehr viel im schulischen Kontext gearbeitet habe, musste ich vor allem mit den Materialien auskommen, die dort vorhanden waren. Das Mäppchen mit den Farbstiften hatten die Kinder meist bei sich. Papier gab es auch genug, und so war es immer möglich, im Verlauf des Prozesses zu malen. In meiner Therapiepraxis gibt es auch andere Farben, sodass ich bei dem Angebot auch mit dem Kind überlegen kann, ob es eher weiche, fließende Stifte haben will oder z. B. Wachsmalkreiden, weil diese einen intensiven Farbauftrag ermöglichen.

Die meisten Kinder benötigten vorab einiges an Sicherheit. In der Schule war es wichtig zu erwähnen, dass keinerlei Zensuren oder andere Formen der Bewertung stattfinden würden, aber auch in anderen Settings braucht es vorweg oft einige Erklärungen. Diese erfolgen aber im Eins-zu-eins-Kontakt nebenbei, immer dann, wenn ich bemerke, dass es Hemmungen oder Schwierigkeiten beim Malen gibt.

Folgende Erklärungen oder Zusicherungen haben sich als hilfreich erwiesen:

- Wenn du mit mir malst, dann gibt es kein Richtig oder Falsch, kein Schön oder Hässlich, kein Gut oder Schlecht. Alles ist so, wie es sich für dich richtig anfühlt, wie du spürst, dass es stimmt.

- Die Farben haben keine festgelegte Bedeutung und du darfst auch gerne vergessen, was du im Kunstunterricht über die Bedeutung der einzelnen Farben gelernt hast.
- Du allein spürst, welche Farbe gerade für welches Gefühl oder welche Empfindung passend ist.
- Für mich oder deinen Nachbarn kann es ganz anders sein, und morgen ist es für dich vielleicht auch wieder anders.
- So ein Bild ist immer, wie es im Moment gerade jetzt ist. Öfters verändert sich schon während des Malens etwas.
- Wenn es vom Gefühl her stimmt, das Blatt zu zerknüllen oder sonst etwas zu tun, dann machst du das.
- Bevor ein Bild in den Papierkorb geworfen wird, reden wir darüber.
- Am Ende darfst du bestimmen, wo das Bild seinen Platz findet.
- Du musst dein Bild niemandem zeigen, und wenn du nicht möchtest, dass es jemand sieht, dann kannst du es auch zusammenfalten und auch verkleben. So kannst du ganz sicher sein, dass es niemand anschaut.

Manchmal ist es auch so, dass da nichts gemalt werden möchte, dann ist das auch in Ordnung, das Blatt kann weiß bleiben. (Diese Zusicherung ist besonders in Gruppenkontexten wichtig.)

Bei der Arbeit mit einem Kind, das direkt nach einem Autounfall in die Schule kam, ist mir noch einen ein weiterer Vorteil des Malens bewusst geworden. Das Kind malte das gesamte Blatt schwarz. Anfangs drückte es sehr fest mit dem Stift und bewegte den Arm heftig und großräumig übers Blatt. Als die erste Schicht schwarzer Farbe aufgetragen war, stellte das Kind fest: »Das reicht noch nicht.« Dann fing es an, eine weitere Schicht Farbe aufzutragen. Ein neues Blatt Papier lehnte es ab. Allmählich ließ der Druck des Stiftes etwas nach und die Bewegungen wurden ruhiger.

Mitten in einer dritten Schicht Schwarz legte das Kind auf einmal den Stift hin und sagte: »Fertig.« Während des Malens war ich präsent, redete aber kaum. Das Kind war so sicher in seinem Tun, jedes Hineinreden von mir hätte es nur herausgebracht. Mein Gefühl war, dass dieses Kind seinen Schock gerade auszitterte, wie es Peter Levine[6] in seinem Konzept des Somatic Experiencing beschreibt. Danach war das vorher völlig schockierte Kind offen für weitere Interventionen. Im Malen ist also Bewegung eingebunden, die zu einem Spannungsabbau führen kann.

Bei der Begleitung eines Kindes braucht es anfangs häufig eine gewisse Überwindung, das Malen anzubieten oder zu fragen, ob es ein Bild zu dem Erzählten gibt. Der Begleiter, die Begleiterin weiß ja, dass es ungewöhnlich ist, zu fragen, ob ein Gefühl oder ein Körperempfinden usw. eine Farbe hat. Aber der kleine Mutschritt vom Begleiter lohnt sich meistens. Wenn er aus der Focusing-Grundhaltung heraus gemacht wird, dann ist auch eine Ablehnung gut zu ertragen. Denn ich kann darauf vertrauen, dass das Kind zeigt, wenn etwas nicht passt. Vielleicht wirkt es lustlos, unkonzentriert oder es schaut bei der Arbeit in Gruppen mehr zu den anderen, als selbst in das Tun hineinzugleiten. Dann hat das Kind schon einmal ausgedrückt, was nicht passt. Auch das ist ein Schritt aus dem Erleben heraus, also genau das, was wir anregen wollen. Dann gehe ich zuerst darauf ein, dass meine Einladung nicht passend war, bevor ich weitere Vorschläge mache.

Konkret geht das so: Das Kind kommt und erzählt. Ich höre zu, bis ich den Eindruck habe, hier wäre es gut, innezuhalten. Ich frage das Kind, ob es möglich ist, bei diesem Punkt etwas zu verweilen. Dann unterstütze ich es beim Suchen eines Felt Sense, was bei Kindern in aller Regel sehr schnell geht. Meist hat die erste Äußerung die Form einer Emotion oder eines Körperempfindens, häufig im Sinne von Schmerzen. Nachdem zu

6 Levine, Peter und Kline, Maggie: Verwundete Kinderseelen heilen. München: Kösel 2004.

dieser Emotion ein Ort im Körper gesucht wurde, kann zu diesem Ort und dem Gefühl eine Farbe gefunden werden. Ich gehe immer davon aus, dass das Blatt das Kind repräsentiert. Größe und Farbe der Malerei zeigen an, wie stark die Betroffenheit des Kindes ist.

Ein kleiner Ausschnitt aus einem Gespräch:

KIND (kommt und erzählt, dass es sich sehr über die Mutter geärgert hat, weil diese etwas verlangt hatte, was das Kind nicht tun wollte): Ich bin so wütend, dass ich nie mehr mit der Mama reden will.

BEGLEITER: Oh, ich höre, dass du wirklich sehr wütend bist.

KIND: Ja, und zwar ganz arg!

BEGLEITER: Wo im Körper kannst du etwas finden, was zu deiner Wut gehört?

KIND: Im Bauch.

BEGLEITER: Im Bauch findest du etwas von deiner Wut. Wenn wir versuchen würden, diese Wut zu malen, welche Farbe wäre passend?

KIND: Weiß ich nicht.

BEGLEITER: Ja, wissen können wir beide es nicht. Aber du kannst es spüren. Magst du die Hand einfach eine Farbe nehmen lassen?

KIND (nimmt Rot)

BEGLEITER (legt ein Malblatt vor das Kind): Könntest du darauf versuchen, deine Wut zu malen, wie sich das für dich jetzt richtig anfühlt?

KIND: Meine Wut ist viel größer als das Papier, sie ist größer als ich, größer als das Haus. Sie ist so groß wie die Welt.

BEGLEITER: Die Wut ist so riesig, dass sie so groß ist wie die Welt. Das verstehe ich, dass dann das Blatt hier zu klein ist.

Lassen Sie uns hier eine Pause machen, so wie sie auch in diesem Gespräch entstand.

Gewöhnlich lege ich das Malpapier ohne zusätzliche Kommentare hin, nachdem die Farbe gefunden wurde. Ich frage, ob es so passen würde von der Größe, und meist ist das so. Die Kinder malen dann, wie es für sie passt. Es geht um Form, Farbe und die Größenverhältnisse der einzelnen Elemente zueinander.

Schmerzen malen

Immer wieder kommen Kinder zu mir, bei denen Schmerzen oder andere körperlich ganz deutlich gespürte Phänomene im Vordergrund stehen. Hier biete ich gerne an, mit einem Körperumriss zu arbeiten. Entweder habe ich einen Vordruck greifbar oder ich muss mit dem Kind überlegen. Meist mag es selbst einen Körperumriss malen oder es gibt die Möglichkeit, einen Umriss in Originalgröße auf einem Papier von der Rolle herzustellen. Falls beides nicht infrage kommt, male ich auf einen kleinen Zettel den Umriss eines Lebkuchenmannes auf. Das Kind kann dann entscheiden, ob das passt und wer von uns beiden dies auf das große Papier malt. Dass ich absolut nicht zeichnen kann, war noch nie ein Problem. Im Gegenteil, oft ermutigt dies das Kind, die Sache doch lieber selbst in die Hand zu nehmen. Letztlich ist es genau das, was ich am sinnvollsten finde. In diesen wie auch immer gearteten Körperumriss kann dann hineingemalt werden.

Wer mag und die Übung »Der gute Ort im Körper« kennt, kann diese dazunehmen. Hier lädt man das Kind ein, zu spüren, wo im Körper es gerade besonders gut und angenehm ist. Bei Schmerzen kann das der Ort sein, wo kein Schmerz ist oder dieser am geringsten ist. Ob man das hinzunimmt, hängt aber von der Zeit und dem Verlauf des Prozesses ab.

Zurück zum Fallbeispiel: Es war klar, dass das Kind einen Ausdruck für die Größe der Wut suchte, gleichzeitig war es natürlich unmöglich, ein entsprechend großes Papier anzubieten. Da es da aber gar nicht darauf ankam, versuchte ich mein Glück anders.

BEGLEITER: Wir haben uns doch schon den Globus angesehen. Da ist die ganze Welt drauf. Wäre es eine Möglichkeit, dass ich so einen Kreis auf das Blatt male und wir sagen: Das ist die Erde?

KIND (nickt)

BEGLEITER (malt maximal großen Kreis aufs Papier).

KIND (fängt sofort an, Wut-Kontinente hineinzumalen): Meine Wut male ich immer rot!

Von da an ging es ganz leicht weiter.

Im Anschluss an das Focusing ging das Mädchen zur Mutter und kuschelte sich an sie.

Papierformate

Beim Hinlegen des Papiers frage ich nach, ob die Größe so passt. Zögert das Kind, erkundige ich mich, ob das Papier größer oder kleiner sein sollte. Zerschneiden, falten, weitere Blätter ankleben – all das ist möglich.

Ich erinnere mich an einen Jungen, der jede Woche ein weiteres Blatt an das bereits vorhandene Werk anklebte. Im Laufe der Zeit wuchs das Blatt zu einem richtigen Ungetüm, das nur noch schwer zu verstauen war. Der Junge malte jede Woche neue Getreidefelder mit Traktoren und verbindenden Wegen. Die wachsende Fläche beglückte ihn. Sein Grundgefühl von »zu wenig versorgt werden« beruhigte sich im Verlauf der Begleitung. In ihm wuchs die Sicherheit, dass er sich selbst versorgen könne, was er tatsächlich schon länger machte, obwohl er damals erst sieben Jahre alt war.

Genauso wichtig kann es aber sein, dass das Blatt klein ist. Dann kommt bei den Kindern leichter die innere Erlaubnis, nur etwas Kleines, Symbolisches zu kritzeln. Der Druck, ein »richtiges« Bild zu malen, verringert sich.

Besonders beim Freiraum-Schaffen haben sich kleine Formate bewährt.

Ein Papier kann in kleinere Felder durch Striche oder Faltungen eingeteilt werden. Wenn verschiedene Eindrücke nebeneinander dargestellt werden sollen, ist so eine Teilung sinnvoll. Ebenso bei Zeichnungen im Sinne eines Storyboards oder eines Comics. Solche Vorschläge sprechen dann auch ältere Kinder, die fast schon jugendlich sind, eher an als »normales« Malen.

Arbeit mit Papierstreifen

Gute Erfahrungen habe ich auch mit langen Papieren gemacht. Endrollen von einer Zeitungsdruckerei können auf dem Boden ausgerollt werden und ein Körperumriss des Kindes findet darauf Platz. In diesen kann hineingemalt werden. Mehr dazu finden Sie in den Abschnitten »Freiraum schaffen durch Malen« und »Schmerzen malen« über die Arbeit mit einem Körperumriss.

Auch Rollen mit geringer Höhe eignen sich für die Focusingarbeit. Da Zeit eine lineare Größe ist, bietet es sich an, bei Themen, die eine zeitliche Komponente haben, mit Papierstreifen zu arbeiten. Mithilfe dieser Streifen lässt sich das Vergehen von Zeit, die Länge einer Zeitspanne usw. gut darstellen.

Verlauf, Rückbesinnung

Ich nehme gerne zum Abschluss einer Sequenz, eines Seminars oder Workshops Papierstreifen. Darauf kann gemalt und geschrieben werden und, falls das Material dazu vorhanden ist, auch eine Collage geklebt werden.

In Klassenprojekten halten die Kinder am Ende der Stunden eine Art Heft mit ihren Bildern in Händen. Dort können sie blättern und die eigene Entwicklung nachvollziehen. Ist so ein Heft nicht da, ist es gut, den eigenen Weg innerlich noch einmal gemeinsam nachzugehen. Die einzelnen Stationen können dann in symbolischer Form auf den Streifen gemalt werden. Dabei müssen die Stationen, die die Kinder (oder Erwachsenen) auf die Streifen gemalt haben, nicht zwingend mit der Reihenfolge und den Themen der zurückliegenden Arbeitsphase übereinstimmen. Jedes Kind entscheidet für sich, wie die Reihung ist und auch, was als bedeutsam festgehalten wird und was einfach keinen Platz findet. Es können auch zusätzliche Ereignisse eingetragen werden, die sich im Laufe der Zeit außerhalb des Projektes ereignet haben und wichtig genug sind, um festgehalten zu werden.

Die Erfahrung zeigt, dass die meisten Kinder sich gerne am Ablauf der Sequenz orientieren und dann jeweils ein Symbol finden oder etwas als weniger wichtig einstufen und nicht malen. Begleite ich ein einzelnes Kind, dann kann ich mit ihm gemeinsam über die einzelnen Stationen sprechen. Wir erinnern uns und das Kind zeichnet oder schreibt. Bei der Arbeit mit Gruppen ist es hilfreich, wenn die Focusingbegleiterin vorab eine mündliche Rückschau gibt, an der entlang sich die Kinder dann in der eigenen Arbeit bewegen können.

Hier wird die Länge des Streifens entweder im Laufe der Arbeit bestimmt oder vorher abgemessen. Wenn keine Abmessung vorher stattfinden soll, gebe ich den Kindern eine dicke Rolle, z. B. Kassenrolle oder Ähnliches. Dies ist gerade für jüngere Kinder angenehm – die dicke Rolle Papier zeigt ihnen, dass genug da ist, um drauflos zu arbeiten.

Bei älteren Kindern oder Erwachsenen kann ein guter Anfang sein, den Streifen vor dem Zeichnen oder Malen von der Rolle abzuschneiden. Die Einladung kann in diesem Fall etwa lauten: »Ich will mit euch/Ihnen eine Zusammenfassung der Zusammenarbeit gestalten. Spür mal für dich, wie lange oder kurz der Tag/das Projekt/der Workshop für dich war. Und aus diesem Spüren wickle dir so viel von der Rolle, wie du brauchst.«

Die Ergebnisse sind für die Kinder oft verblüffend. Ein Tag wurde als sehr kurz empfunden, und dann ist der Streifen so voll, als ob es mehrere Tage gewesen wären. Oder auf einem langen Streifen finden sich nur ein oder zwei Symbole. Hier kann gut zu einem passenden Zeitpunkt ein Gespräch über das subjektive Zeitempfinden stattfinden.

Wo stehe ich, wo will ich hin?

In der Arbeit mit Kindern geht es oft darum, eine Entwicklung zu fördern, eine Kompetenz zu erlernen oder eine Lösung für ein Problem zu finden. Auch hier können Streifen eine gute Möglichkeit der Symbolisierung sein.

Ich beginne damit, dass das Kind den aktuellen Stand oder Zeitpunkt auf den Anfang der Rolle malt, zeichnet oder schreibt. Dann lade ich das Kind ein, zu spüren, wie weit es von dem gewünschten Ergebnis entfernt ist. Entsprechend viel darf es von der Rolle abwickeln und abschneiden.

Wenn der Streifen lang ist und der Platz reicht, lege ich gerne den Streifen auf den Boden. Gemeinsam mit dem Kind stehe ich am Anfangspunkt und begleite es beim Erkunden, wie es dort ist. Entweder erzählt das Kind oder es ergänzt die Zeichnung. Es kann auch eine andere Modalität dazukommen, wie das innere Hören von Sätzen, Befehlen usw., das Erleben von Emotionen oder spontane Bewegungen.

Dann gehe ich gemeinsam mit dem Kind auf den Endpunkt. Hier lade ich ein, nachzuspüren, wie es sich körperlich anfühlen würde, wenn alles gelöst wäre und wir hier stehen. Ich erzähle dem Kind dabei, dass wir im Moment nicht wissen, wie sich die Entwicklung oder Lösung vollzogen hat. Und wenn sich Kinder noch in der Phase befinden, wo die magische Welt ihnen nahe ist, dann kann eine Fee oder etwas Ähnliches geholfen haben.

Wir kosten gemeinsam aus, wie anders der Körper sich nun anfühlt, wie sich Emotionen, Haltung etc. verändert haben. Danach werfen wir vom Zielpunkt aus einen Blick auf den Start. Mein Vorschlag an das Kind ist dann, zu spüren, was ein winziger Schritt in die Richtung zum Endpunkt sein könnte. Wichtig ist es hier, das Kind zum Spüren zu ermutigen und nicht das Denken anzufragen. Das Weite im Bauch, das Goldene im Herzen etc. kann dem Kind helfen, einen guten Schritt zu finden.

Meine Aufgabe als Begleiterin ist es, den Schritt so klein zu machen, dass er mit Sicherheit gelingt. Oft braucht es da einige Interventionen, bis das so ist. Ein Kind, das sich vornimmt, jeden Tag zehn Minuten die Einmaleinsreihen zu üben und zehn Minuten zusätzlich zu den Hausaufgaben laut zu lesen, wird schnell scheitern.

Der Schritt würde Frustration und Versagensgefühle auslösen, was absolut nicht im Sinne der Focusingarbeit ist. Für dieses Kind könnte ein guter Schritt sein, am Nachmittag einen Ort im Haus zu suchen, wo es gerne lesen mag. Vielleicht entdeckt es dabei, dass ein bestimmtes Kuscheltier beim Lesen dabei sein sollte. Dann kann der nächste kleine Schritt kommen.

Trennung und Verbindung schaffen

Auch Kinder haben schon Erfahrungen mit Trennungen und Beziehungsabbrüchen gemacht. Um dies sichtbar zu machen, kann ein durchgerissener Papierstreifen gut sein. Ich lade das Kind ein, sich so viel Papier von der Rolle herunterzuschneiden, wie es für richtig erachtet. Dann darf es dort den Streifen durchreißen, wo es sich stimmig anfühlt. Das Papier symbolisiert nicht das gesamte Leben des Kindes. Es gibt ja neben dem Beziehungsabbruch oder der Trennung viele Beziehungen, die das Kind zu anderen hat und die es tragen. Dieser Streifen ist nur ein Strang aus den Verbindungen, der gerissen ist.

Der durchgerissene Streifen wird so auf einen Untergrund gelegt und später geklebt, dass die Lücke für das Kind eine stimmige Größe hat. Dann begleite ich das Kind auf der Suche nach Möglichkeiten, mit dieser Lücke gut zurechtzukommen. Manchmal entsteht dann der Wunsch nach einem guten Abschied und einer veränderten Weiterführung der Beziehung. Dies ist häufig beim Thema Tod eines Verwandten oder Haustieres der Fall.

Ein Mädchen, das bei der Beerdigung des geliebten Opas nicht dabei sein durfte, schrieb einen letzten Brief an den Opa. Gemeinsam gingen wir zum Friedhof und legten den Brief ab. Dadurch wurde es möglich, sich an all das Gute vom Opa zu erinnern.

Bei Trennungen ist oft der Wunsch da, dem Kontakt z. B. übers Telefon einen verlässlichen, regelmäßigen Rahmen zu geben. Oder ein Kind kann die Vorteile von zwei Elternhäusern entdecken, wie z. B. zweimal Weihnachten zu feiern usw.

Die gefundene Möglichkeit wird dann in einer passenden Weise in, auf, über oder unter die Lücke zwischen die Streifen geklebt.

Gerade bei diesem Bild finde ich es oft sehr wichtig, dass die Kinder es einer vertrauten Person aus der Familie zeigen.

Sprechen über das Bild

Beim Sprechen über das Bild ist das Wichtigste, immer wieder die Verbindung zum Spüren und Gespürten herzustellen. Das Kind darf sich frei äußern – oder auch nicht. Nachfragen dienen in aller Regel nicht dazu, dass sich der Begleiter Informationen über das Thema verschafft. Manchmal ist es für mich schon gut, auch Verständnisfragen zu stellen. Diese formuliere ich sehr vorsichtig und weise auch immer auf die Möglichkeit hin, sich nicht zu äußern. Ich frage die Kinder nicht aus, um meine Neugierde zu befriedigen. Meine Formulierungen sind ungefähr so: »Wie wirkt das Bild auf dich?«; »Wie geht es dir mit dem Bild?«; »Was sagt dir dein Bild?«. Falls wir über einzelne Details des Bildes sprechen, so formuliere ich das entsprechend.

So lange wie möglich bleibe ich auf der symbolischen Ebene. Das klingt dann so: »Da ist ein großer oranger Bereich auf deinem Bild. Wie ist das für dich? Spürst du in deinem Körper auch etwas von dem Orange?«

Erst sehr viel später rege ich den Transfer vom Bild ins Leben des Kindes an. »Ich sehe neben dem großen Orange ein helles Blau. Wo spürst du etwas von dem Blau in deinem Körper? Magst du dich mal fragen, ob es in deinem Leben auch etwas Hellblaues gibt?« Oft haben die Kinder den Transfer bereits selbst vollzogen und mir erzählt, was das Hellblaue in ihrem Leben ist. So ist es mir am liebsten.

Weitere mögliche Anregungen im Gespräch könnten sein: »Welcher Teil des Bildes ist dir besonders wichtig?«; »Wo geht dein Blick zuerst hin?« und ähnliche Detailfragen.

Bewegung

Kinder bewegen sich oft sehr gerne, viel lieber als die meisten Erwachsenen. Wenn ich mit den Kindern male, sitzen wir. Da ich anfangs überwiegend das Malen eingesetzt habe, saß ich mit den Kindern die meiste Zeit. Die Begegnung mit einem sechsjährigen Jungen hat mir gezeigt, dass es oft etwas ganz anderes braucht. Er kam im Rahmen der Notfallstunde. Es war die Zeit des Zweiten Golfkrieges. Der Vater des Kindes war amerikanischer Militärangehöriger und am Morgen zum Einsatz im Krieg aufgebrochen. Die Klassenlehrerin bat mich, mit dem Jungen zu arbeiten, da er an diesem Tag nicht beschulbar war.

Der Junge lief sehr erregt in dem Klassenzimmer herum, in das ich mit ihm gegangen war. Ich versuchte immer wieder vergeblich, ihn zu erreichen. Nach einer Weile schrie das Kind mich völlig verzweifelt an: »Wie kannst du einfach nur dasitzen und abwarten, wenn alles so schlimm ist?! Beweg dich endlich!« Ehrlich gesagt, er hat es wesentlich aggressiver und drastischer ausgedrückt, aber das war für mich die enthaltene Botschaft.

Ich war so froh und dankbar, dass der Junge mir gesagt hatte, was er brauchte. Wir liefen gemeinsam durch den Raum, und nach einiger Zeit wurde er so ruhig, dass er an der Tafel stehend über seine Angst malen konnte. Etwas später konnte er dann deutlich ruhiger in die Klasse zurückgehen. Ich bin ihm bis heute dankbar für dieses Schlüsselerlebnis. Seitdem ist Bewegung immer mehr ein Bestandteil meiner Arbeit mit den Kindern geworden.

Spontane Bewegungen

Beim Suchen eines Felt Sense sind immer wieder spontane Bewegungen des Kindes zu beobachten. Diese greife ich jeweils auf, denn der Felt Sense kann sich ja durchaus über diese Modalität äußern. Wie schon beim Markieren geschrieben, muss das Aufgreifen ganz behutsam geschehen. Häufig mache ich die Bewegung nach. Zum einen kann ich dann besser spüren, wie sie sich anfühlt, zum anderen aber sehe ich es auch als nonverbales Saying Back. Dazu mache ich einen fragenden Gesichtsausdruck. Die Botschaft ist: Ist es genau so oder anders?

Meine verbale Anleitung dabei ist, diese Bewegung noch einmal innerlich zu erleben. Geht das Kind auf diese Einladung ein, gibt es unterschiedlichste Arten weiterzugehen. Wichtig ist mir, dass bei aller Ernsthaftigkeit der Arbeit und der Themen der spielerische Charakter nicht verloren geht.

Bewegungen können schneller oder langsamer gemacht werden, mehrfach wiederholt oder auch nur einmal ganz bewusst ausgeführt werden. Das Kind kann die Bewegung mit mehr oder weniger Kraft ausführen und dabei bemerken, was sich verändert. Es können innere Bilder oder ein Ton, ein Satz dabei entstehen.

Bewegung als Modalitätenwechsel

Wenn das Kind sich nicht über eine Bewegung äußert, so kann der Felt Sense weiter erkundet werden, indem man einen Modalitätenwechsel vorschlägt. Häufig schlagen wir vor, zu einem inneren Bild so etwas wie eine Überschrift oder zu einem Gefühl eine Farbe zu suchen. Die Anregung »Findest du zu dem Ganzen von ... eine Bewegung?« ist aber eher ungewöhnlich. Viele Kinder reagieren darauf gehemmt und verlegen. Mir kommt es oft so vor, als würde das Kind schon eine Bewegung finden, hätte aber Sorge, sich damit lächerlich zu machen. Dann ist es gut, als Erwachsener voranzugehen und sich zu bewegen. Ich versuche mich in das mit einzufühlen, was das Kind gerade bewegt. Dann mache ich Bewegungen, von denen ich mir vorstellen könnte, dass sie stimmig wären, und bitte das Kind um eine Rückmeldung dazu. Um ein Kind aus der Reserve zu locken, ist es manchmal hilfreich, Bewegungen einzustreuen, die vermutlich völlig unpassend sind. So wird die Einladung, eine Bewegung zu etwas zu finden, zu einem lustigen Spiel und verliert die Schwere. Irgendwann hat das Kind dann Lust, mit zu experimentieren und selbst Bewegungen auszuprobieren.

Eine Standardübung von mir ist es, zum eigenen Namen eine Bewegung zu finden. Es macht einen großen Unterschied, ob zum Klang des Namens eine Siegergeste ausgeführt wird oder ob das Kind müde winkt.

Experimente

Eine andere Form, Bewegung in den Focusingprozess mit einzubeziehen, sind Experimente. Wir nehmen aus den Erzählungen des Kindes oder des Erwachsenen ein Bild, eine Idee oder etwas anderes und bieten damit eine Inszenierung an. Ebenso, wie es im Focusing mit Erwachsenen üblich ist, frage ich, ob es passt.

Ein Kind berichtet, dass es sich manchmal fühlen würde wie seine Schildkröte, die im Panzer eingesperrt ist. Meine Frage könnte dann so klingen: »Hättest du mal Lust, auszuprobieren, wie so eine Schildkröte mit ihrem schweren Panzer herumläuft?« In den allermeisten Fällen haben die Kinder Freude an dem Vorschlag und willigen gerne ein. Gemeinsam krabbeln wir über den Boden, versuchen zu spüren, wie sich die Schildkröte fühlt, was sie braucht und ob sie Bewegungsimpulse hat, die etwas Neues kreieren. So eine Schildkröte kann vieles ausprobieren. Hierbei kann ich auch das Gewicht verstärken, um ein noch intensiveres Erleben zu ermöglichen. Dazu lege ich nach Anweisung des Kindes Gewichtssäckchen auf den Rücken. Gewicht kann aber auch weggenommen werden, indem ich z. B. die Schultern des Kindes so unterstütze, dass die Last da sein darf, aber das Kind sich in meinen Halt hinein entspannen kann. Vielleicht mag sich die Schildkröte auch mal eine Weile nur mit eingezogenen Körperteilen ausruhen. Oder sie möchte den Panzer liegen lassen und imaginär herausschlüpfen, um ohne den Panzer herumzulaufen.

Diese Impulse können direkt über den Körper gefunden werden. Wenn aus dem Spiel nicht spontan ein Impuls entsteht, so kann die Körperhaltung »eingefroren« und immer stärker angespannt werden, bis aus dem Inneren des Kindes ein Bewegungsimpuls entsteht.

Bewegung als Übungsangebot

Im Gegensatz zum Experiment, bei dem die Elemente aus dem direkten Erleben stammen, gibt bei einer Körperübung der Begleiter die Rahmenanweisungen vor. Diese Vorschläge entspringen dem Felt Sense des Begleiters in Bezug auf den Prozess des Kindes.

So erzählte mir ein zarter sechsjähriger Junge, dass er es überhaupt nicht mochte, wenn die anderen Kinder ihm andauernd helfen wollten. Im Gespräch und beim Malen wurde mir klar, dass er viel zu spät bemerkte, wenn andere übergriffig waren. Zudem war er in der Kindergartenzeit sehr krank gewesen, und so waren die anderen Kinder gewohnt, ihn zu unterstützen, obwohl dies inzwischen nicht mehr nötig war. Er selbst konnte auch nicht energisch genug auftreten, um seine neuen Grenzen zu setzen.

So schlug ich ihm eine Übung vor. Hierzu legte er sich im Flur der Schule einen Gymnastikreifen auf den Boden. Damit war sein Platz definiert. Als Erstes leitete ich ihn an, zu spüren, ob sein »Haus« passend wäre, zu klein oder zu groß. In diesem Fall hätte ich ihm Seile zum Legen einer Abgrenzung gegeben, dann sind mehr Variationsmöglichkeiten da. Aber der Junge fühlte sich wohl mit dem Reifen. Mein Gefühl war auch, dass die Festigkeit und Stabilität des Reifens sehr gut passten. Nun entfernte ich mich von dem Kind, bis ich merkte, dass ich nicht mehr in Kontakt mit ihm war. Von dort aus fragte ich den Jungen, ob ich für ihn auch nicht mehr spürbar wäre. Als er dies bejahte, begann ich ein paar langsame Schritte auf das Kind zuzugehen. Ich stoppte nach jedem Schritt, damit der Junge Zeit hatte, genau zu spüren, ob er mich schon wahrnehmen konnte. An diesem Punkt verweilte ich und bat ihn dann, mir zu sagen, wann ich einen weiteren Schritt tun sollte. Langsam näherte ich mich bis auf etwa 80 Zentimeter. Da war für ihn eine gute Entfernung erreicht, nicht zu weit weg und nicht zu nah. Mit Erlaubnis des Kindes machte ich einen weiteren Schritt und setzte einen Fuß auf den Reifen. Leise, ängstlich und sehr verhalten sagte er, dass ihm das unbehaglich sei. Ich ging wieder den Schritt zurück und fragte, wie es nun sei.

In der Nachbesprechung dieser Übung wurde auch dem Kind klar, dass es seinen Klassenkameraden gegenüber zu leise und schüchtern auftrat. In der Folgezeit arbeiteten wir mit dieser Erfahrung oder auch aufs Neue mit dem Reifen. Irgendwann konnte das Kind rechtzeitig und kraftvoll »Stopp« sagen. Hilfreich war, dass die Klassenlehrerin seine Entwicklung unterstützte und auch mit den anderen Kindern der Klasse darüber sprach.

Schließlich waren diese es gewohnt, stets als Helfer zu fungieren. Auch sie mussten sich auf die neue Situation einstellen können.

Bewegung als Schlüssel

Bei Kindern, die sehr festgefahren in Verhaltensmustern und/oder Körperhaltung sind, ist es häufig wichtig, über die körperliche Bewegung einen Impuls ins innere Erleben zu geben.

> Ein Junge wollte immer über sein Lieblingsthema Bahnlinien und Autobahnen sprechen. Er setzte sich hin und begann zu reden und es war kaum ein Unterbrechen möglich. Alle möglichen Impulse von mir hatten wenig Klarheit gebracht, was für ihn an diesen Verkehrsverbindungen so wichtig war. Er reproduzierte überwiegend Zahlen und Daten. Irgendwie fühlte sich für mich als Begleiterin das Sprechen auch wenig verbunden an. So lud ich das Kind ein, mit mir nach draußen zu gehen und sich nicht nur über Verbindungen zu unterhalten, sondern Wege und Straßen zu gehen und zu erkunden. Beim Laufen im Freien fing sich innerlich auch etwas zu bewegen an. Das Thema war, sich über die Kenntnis aller Verbindungswege Sicherheit zu verschaffen. In einer Wiese voll mit Löwenzahnblumen konnten wir dann auch über das Gefühl des Jungen sprechen, anders zu sein als alle anderen Menschen. Wir suchten längere Zeit, ob wir zwei exakt gleiche Blüten finden konnten, was aber nicht gelang. Dies war lange Zeit ein starker Trost für das Kind.

Bei der Supervision von Kollegen fand ich immer öfter Bewegungsangebote der Kinder an den Begleiter, die von diesem im ersten Moment nicht wahrgenommen wurden. So stellte sich in einem supervidierten

Fall der Weg des Begleiters mit dem Kind vom Klassenzimmer ins Therapiezimmer als das bedeutsamste Angebot heraus. Das Kind wollte vorausgehen, stehen bleiben, zurückgehen und genau dabei begleitet werden. Möglicherweise holte es sich so die Sicherheit, dass der Begleiter an seiner Seite bleiben würde. Aber im Therapiezimmer angekommen, unterließ das Kind jegliche Aktion von sich aus. Als der Begleiter sich darauf einließ, einfach nur mit dem Kind durch das Haus zu laufen, kam Bewegung in die Beziehung, und irgendwann konnte das Kind im Therapiezimmer arbeiten.

Bewegung ist die früheste Form der Kommunikation zwischen Menschen, speziell einem Baby und seinen Bezugspersonen. Die Mutter lächelt, das Kind lächelt zurück, oder möglicherweise ist es umgekehrt. Da, wo Sprache noch nicht vorhanden ist, nehmen Bewegungen ihren Platz ein. Häufig bringt der Erwachsene dann die Sprache dazu. Der Ablauf erinnert an einen Focusingprozess, der mit einer Bewegung des Kindes aus dem Felt Sense heraus beginnt. Der Begleiter bemerkt die Bewegung und bringt sie zur Sprache. Dann folgt eine Reaktion des Kindes, ganz wie in der vorsprachlichen Entwicklungsphase. Die gesamte nonverbale Kommunikation geschieht ebenfalls über Bewegungen, meist eher kleinere.

Wer Kinder im Alltag erlebt, weiß, welch große Bedeutung Bewegung für sie hat. Dabei meine ich nicht nur den natürlichen Bewegungsdrang, den sie haben. Es geht den Kindern oft auch sehr darum, sich zu zeigen mit dem, was sie können. Der laute Ruf »Schau mal, was ich kann« ist jedem bestens bekannt, der regelmäßigen Umgang mit Kindern hat. In den über 30 Jahren, in denen ich mit Kindern lebe und arbeite, bezog sich dieser Ruf fast ausschließlich auf das Zeigen von (neu erworbenen) motorischen Fähigkeiten. Die Bewegungen machten Freude, bewirkten Stolz und halfen beim Aufbau eines positiven Selbstbildes.

Bewegung – spielerisch, einladend und angepasst – kann der Schlüssel zu den Kindern werden, die sich dem Gespräch (noch) entziehen.

Traum

Gene Gendlin hat sich ausführlich mit dem Thema Focusing und Träume befasst. Im Kapitel »Die Arbeit mit Märchen« werden die meisten der traumbezogenen Interventionen aufgeführt und erklärt. Denn die Traumwelt liegt ganz nah bei der Märchenwelt. Im Focusing mit Kindern erlebe ich die klassische Traumarbeit eher selten. Bringt aber ein Kind einen Traum mit, so können damit gute Schritte gelingen. Ein sehr anrührendes Beispiel ist die Traumarbeit von L.

Als L. mir sagte, er wolle mir einen Traum der vorhergegangenen Nacht erzählen, freute ich mich. Von sich aus brachte das siebenjährige Kind ansonsten meist nur sein Interesse an Lego vor.

> Er beschreibt, wie er einen Weg von seinem Zuhause zu einem Fest lief. Er war allein unterwegs und freute sich auf die Feier. Unterwegs kam er an einem großen Kruzifix aus Holz vorbei. Einige Männer waren gerade beschäftigt, den toten Körper abzunehmen. Dann ging er weiter und kam zum Fest. Dort bekam er einen Becher Wein eingeschenkt, was ihn sehr verwunderte, da er im Traum wusste, dass er ein Kind war.

L. erzählt sehr ausführlich, mit vielen Wiederholungen und einem Sinn für Dramatik. Er ist sehr erregt und springt beim Erzählen immer wieder vom Stuhl auf. Nebenbei malt er das Kruzifix. Das hilft ihm, immer wieder auf den Traum zurückzukommen.

> Vorsichtig fange ich mit der ersten, allgemeinen Frage an: »Was ist denn besonders wichtig an dem Traum für dich?«
>
> L. erzählt sofort, dass es das Kruzifix ist, seit Ostern (vor ca. drei Wochen) sehe er dauernd Kreuze »mit dem Jesus dran«.

Als ich ihn frage, wie es ihm gehe, wenn er so ein Kruzifix sehe, antwortet er sofort: »Ich möchte dem Jesus helfen. Ich würde hingehen und was sagen.« Dann steht er auf und meint: »Wenn ich dann einer von den Jüngern wäre.« Er verteidigt Jesus, beschimpft die imaginären Soldaten und schubst sie weg. Ich begleite ihn mehr sehend und hörend als sprechend.

Von sich aus beendet L. die Szene und malt sich auf dem Fest. Der Wein im Becher irritiert ihn, ansonsten kommt kein Kommentar zum Bild. Nach einer Zeit des stillen Malens meint L. auf einmal: »Man hört in der Kirche oft, dass Gott die Träume schickt von dem, was kommen wird. Vielleicht kommt der Jesus ja zu mir.« Meine halbe, offene Frage: »Und wenn der Jesus dann kommt …?«

Seine spontane, erste Antwort: »Dann hilft er dem Opa, dass er wieder besser laufen kann.« Irgendwie will aber noch mehr raus, deshalb warte ich erst einmal ab, obwohl mir schon die Frage auf der Zunge liegt, wie es ihm gehe, wenn der Opa so Schmerzen hat. Tatsächlich erzählt L. dann etwas ganz anderes. Wenn er Jesus selber fragen könne, wie es war, dann könnte er im Religionsunterricht, den er sehr liebt, erzählen, wie es wirklich war.

Er entfaltet diese Vorstellung voller Freude und Eifer. Dann schaut er auf einmal sehr verloren und seine Stimme wird leiser und trauriger. »In der Pause wünsche ich mir immer, dass Jesus zu mir kommt und mit mir spielt. Ich bin so allein und habe keine Freunde. Niemand mag mich, und in der Kirche haben sie gesagt, dass der Jesus alle Kinder liebt. Deswegen wünsche ich mir jede Pause, dass er endlich kommt.«

Eine große Traurigkeit ist zu spüren, daneben auch die Sehnsucht, dass sich die Situation ändert.

In behutsamen Worten stelle ich ihm diese Sehnsucht als Resonanz zur Verfügung. Ganz heftig nickt er und bestätigt noch einmal, dass er sich so sehr wünscht, dass Jesus in den Pausenhof kommt.

Gut, dass mich viele Kinder vorher das Abwarten gelehrt haben. Denn auf einmal kommt etwas ganz Neues von L. Er würde gerne beten, damit Jesus kommt, aber er kann die Gebete nicht. Alle sprechen sie immer so schnell und er kommt da nicht mit. Nach einigen Nachfragen ist klar, dass er vorformulierte Gebete wie das Ave-Maria oder das Vaterunser meint. Ich erzähle L., dass mein Verständnis von Beten wie ein Gespräch mit Gott sei und dass dies auch mit eigenen Worten gehe. Dies lehnt er heftig ab, weil davon im Religionsunterricht noch nie etwas gesagt worden sei.

»Ich muss einfach aufhören, so schlau zu sein«, ist sein Lösungsvorschlag. »Weil die anderen Kinder mögen das nicht.« Ich bin überrascht über diese Schlussfolgerung und interveniere: »Du hoffst, wenn du etwas von dir versteckst, dass du Freunde findest?« Niedergeschlagen berichtet L., dass ein Erwachsener ihm genau das geraten habe.

Da ich L. gut kenne und auch seine Schwierigkeiten seit Längerem beobachte, verlasse ich für einen Moment die begleitende Position. Es ist deutlich zu spüren, dass L. gerade in seinen Strukturen und auch seinen spezifischen Schwierigkeiten festhängt. So sage ich ihm: »Ich glaube, du solltest lieber noch ein bisschen mehr lernen, statt dich dumm zu stellen. Du könntest lernen, woran man erkennen kann, ob jemand gerade fröhlich ist oder nicht; ob jemand angefasst werden möchte oder nicht. Dabei würde ich dir gerne helfen.«

> Dann erkundige ich mich, wie sich das für ihn anhört. L. meint: »Ich weiß, dass du mir hilfst, dann werde ich halt noch schlauer.« Da die Pause beginnt, packt er seine Sachen zusammen und meint: »Vielleicht kommt der Jesus ja jetzt und spielt mit mir.«
>
> Oft hadere ich ja damit, dass ich mich im Rahmen der Schule nicht so frei mit den Kindern entfalten kann, wie ich es möchte. Aber jetzt bin ich froh, dass ich unkompliziert mit dem Klassenlehrer reden kann. Ich bitte ihn, mit den Kindern auch über das freie Beten zu sprechen.

Weit häufiger als mit konkreten, einzelnen Träumen findet Focusing zu Themen von Albträumen statt. Viele Kinder berichten von Albträumen in der Nacht und den Ängsten davor beim Einschlafen. Äußere Hilfsmittel wie Traumfänger oder Monster-Spray helfen nur dann, wenn die dahinter stehende Beziehung das eigentlich Wirksame ist. Die sichere Bindung an die Bezugspersonen ermöglicht es, dass solche Methoden etwas verändern.

Oft sind die Trauminhalte nicht erinnerbar oder das Kind möchte sie nicht beschreiben. Ist es aber möglich, dass sich das Kind an Teile erinnert und sie erzählen mag, so kann mit diesen gearbeitet werden.

Zum einen kann das Kind am Tag, gestärkt durch die Anwesenheit des Begleiters, nach Schutz- und Helferwesen oder hilfreichen Gegenständen suchen. Diese können dann abends bereitgestellt werden, um dem Kind beizustehen. So kann ein Kind sich ein Laserschwert ans Bett legen, um sich wehren zu können, oder ein anderes, hilfreiches Instrument. Religiös gebundene Kinder können Helfer- und Schutzwesen aus der Religion wählen, andere beziehen sich auf Filmhelden oder Fabelwesen.

Eine befreundete Focusingspezialistin für Träume erzählte mir, dass sie viel mit Pflegefamilien und -kindern gearbeitet hat. Diese waren oft vom Jugendamt wegen schwerer Vernachlässigung aus der Herkunftsfamilie genommen worden. Wenn sie Hungeralbträume entwickelten, half ein Vorrat an Essen nachts am Bett. So war es für das Kind möglich, sich auch nachts unproblematisch mit Nahrung zu versorgen. Dadurch konnten die Albträume verschwinden.

Eine Möglichkeit bei erinnerbaren Inhalten ist es, dem Albtraum im Tagesbewusstsein ein anderes Ende zu geben. So erzählte ein Kind immer wieder einen Traum, bei dem die Verfolger es eine Wendeltreppe hochjagten. Am Ende der Treppe war ein Gitter, es gab also kein Entkommen. Im Focusingprozess fiel dem Kind auf, dass es ja viel schmaler war als die erwachsenen Verfolger. Das neue Ende war, dass der Träumer durch die Gitterstäbe schlüpfen konnte und entkam. Die Verfolger wurden durch das Gitter gehindert, ihn weiter zu jagen.

Wenn die Möglichkeit und Bereitschaft dazu bestehen, kann das wunderbar als Rollenspiel inszeniert werden. Wenn das Kind mitspielt, ist dies besonders eindrücklich, aber es ist auch mit Puppen möglich, wenn der Freiraum auf diese Weise besser gehalten werden kann.

In der Begleitung von Kindern mit Albträumen ist es häufig sinnvoll, nach dem davor liegenden Tag zu fragen, so wie das ja insgesamt bei der focusingorientierten Arbeit mit Träumen üblich ist. Immer wieder finden Kinder dann ganz spontan zu einer Deutung des Traumes oder zu einem Auslöser.

Manchmal ist es sehr hilfreich, in die Rolle des »Bösen« im Albtraum zu schlüpfen. Im Rollenspiel kann erkundet werden, was dieser Angreifer für Ziele und Hintergründe hat.

Eine der wichtigsten Joker-Fragen bei Träumen ist: »Was brauchst du dann von dir?«

Gelegentliche Albträume gehören zur Entwicklung des Kindes und sind nicht gleich ein Grund zur Besorgnis. Eine Häufung von Albträumen kann sich im Laufe einer längeren Behandlung auflösen. Wenn sich grundlegende Themen und Problemsituationen lösen und verschwinden, können auch die Albträume gehen.

Die Arbeit mit Bilderbüchern

Bilder wurden schon immer benutzt, um Inhalte für Menschen verfügbar zu machen, die (noch) nicht lesen können.

Die ersten Bilderbücher für Kinder entstanden als Schulbücher bereits im 18. Jahrhundert. Anfangs war es wichtig, möglichst realistische Abbildungen zu zeigen, heute gibt es sehr vielfältige Illustrationsformen. Zudem hat nicht jedes Bilderbuch eine erzieherische Absicht.

Seit den 1980er-jahren unterscheidet man vier Arten von Bilderbüchern: das erzählende Bilderbuch, das Märchenbilderbuch, das Sachbilderbuch und das Mitmach-Bilderbuch.

Die meisten Bilderbücher, die ich beim Kinderfocusing einsetze, stammen aus dem Bereich der erzählenden Bilderbücher. Exemplarisch will ich hier zwei Bücher vorstellen.

»Mutig, mutig« von Lorenz Pauli und Kathrin Schärer

In diesem Buch unternehmen Tiere eine Mutprobe; jedes Tier bietet etwas an, das es wagen will. Jedes Mal ist anfangs die Meinung der anderen Tiere, das Angebotene würde keinen Mut erfordern. So bietet z. B. die Schnecke an, einmal um ihr Haus herumzukriechen. Für den Spatz ist das keine Herausforderung, da er ja täglich sein Nest verlässt. Aber dann kommt immer wieder die Erkenntnis, dass jedes Tier eine eigene Herausforderung hat.

Hier ist es gut möglich, einzuhaken und mit dem Kind zu überlegen, was die eigene Herausforderung sein könnte. In Kindergruppen bietet es sich an, auf die Empathie der Tiere miteinander einzugehen.

Im Buch ist als Letzter der Spatz dran, und alle Tiere sind gespannt, was er als Mutprobe anbietet. Der Spatz aber sagt: »Ich mach nicht mit.« Auch hier ist es gut, zu unterbrechen und mit dem Kind zu überlegen, warum der Spatz das sagt. Auf den ersten Blick mag es als feige erscheinen, aber die Kinder erkennen schnell, dass es viel Mut kostet, nicht mitzumachen. Ob es um Themen wie Missbrauch, Mobbing oder z. B. kleine Diebstähle geht: Immer kostet es das Kind Mut, nicht mitzumachen. In einem Focusingprozess kann das Kind eine Lösung finden, wie es bei etwas nicht mitmacht.

»Die hässlichen Fünf« von Axel Scheffler und Julia Donaldson

Fünf Tiere aus Afrika finden sich zusammen. Sie verbindet, dass sie sich alle hässlich finden und dies in durchaus humorvoller Weise vortragen. Dann aber kommen die Kinder dieser Tiere zu Wort und erzählen von der Fürsorge und Liebe der Eltern. Die wahre Schönheit kommt von innen.

Hier kann man an verschiedenen Punkten einhaken und das Thema Schönheit und Hässlichkeit untersuchen. Das Buch eignet sich für Kinder, die Probleme mit ihrem Aussehen haben oder ein geringes Selbstwertgefühl. Ebenso geeignet ist es für Kindergruppen mit dem Thema des Ausschließens und Mobbing.

Die Kinder der hässlichen Fünf zeigen den Weg: Es ist gut, sich mit dem Kind auf die Suche nach dem zu machen, was an ihm schön, liebenswert und wertvoll ist.

Es gibt zu den allermeisten Themen der Kindheit erzählende Bilderbücher. Die Themen reichen von Streit (»Du hast angefangen! Nein, du!«) über Einschlafschwierigkeiten, Sauberkeitsprobleme bis hin zu Scheidung und Tod (»Ente, Tod und Tulpe«, »Vier Pfoten am Himmel«).

Bei der Arbeit mit erzählenden Bilderbüchern unterbreche ich gerne an geeigneten Stellen. Wenn sich die Möglichkeit anbietet, dass das Kind sich auf eigene Erfahrungen zu diesem Thema bezieht, dann braucht es häufig den Rest des Buches erst einmal nicht. Manchmal wünscht sich das Kind ganz am Ende des eigenen Prozesses, zu hören, wie die Geschichte im Buch ausgeht.

Die richtige Stelle zum Unterbrechen finde ich mithilfe meines eigenen Felt Sense. Dadurch kann es vorkommen, dass ich je nach Kind an ganz unterschiedlichen Stellen unterbreche. Allerdings lese ich das Buch vorher sehr genau und lasse dabei schon einen Felt Sense entstehen. So bekomme ich auch eine Vorstellung, welche hilfreichen Fragen, Interventionen und Einladungen an das Buch anknüpfen könnten.

Märchenbilderbücher benutze ich in der focusingorientierten Arbeit nicht. Märchen sind etwas Eigenes, sie wurden mündlich überliefert und wirken durch eine intensive Erzählung. Bilder würden nach meinem Empfinden nur das Erleben des Kindes in bestimmte Formen und Schwerpunkte lenken. Daher ist dem Thema Märchen ein eigenes Kapitel gewidmet.

Reine Sachbilderbücher benutze ich kaum, allerdings gibt es Bücher, die eine Mischung aus Sachbuch und Erzählung sind. So ist das Buch »Mamas Monster« von Erdmute von Mosch gut geeignet für jüngere Kinder, bei denen ein Elternteil an einer Depression erkrankt ist.

Es gibt mehr und mehr Bücher mit dem Anspruch, Kindern Krankheiten, psychische Erkrankungen von Familienangehörigen oder andere schwierige Situationen zu erklären. Hier muss jede Fachperson für sich selbst entscheiden, ob sie mit einem solchen Buch arbeiten möchte. Für mich ist oft zu viel Text in solchen Büchern, damit ist das Buch für meine Art zu arbeiten nicht passend. Mir ist es sehr wichtig, dass das Kind möglichst rasch aus der passiven Rolle des Zuhörers in eine aktive Rolle wechselt. Manchmal ist es bei Kindern, die gern lesen, aber sinnvoll, ihnen ein solches Buch mitzugeben und im Anschluss darüber zu reden. Mitmach-Bilderbücher im eigentlichen Sinne sind mir keine bekannt, aber es gibt Bilderbücher, die unausgesprochen eine Einladung zum Mitmachen haben. Exemplarisch möchte ich hier das Buch »Heute bin ich« von Mies van Hout vorstellen.

Der Maler malt zu den unterschiedlichsten Emotionen einen Fisch. Dieser Fisch spiegelt in der Gestaltung von Umriss, Gesichtsausdruck und Farbgebung die jeweiligen Gefühle. Der zornige Fisch beispielsweise ist rot und hat eine ausgefranste Kontur, der glückliche Fisch ist rund und lächelt.

Ein weiteres Bilderbuch, das als Einladung wirken kann, ist »Die Königin der Farben« von Jutta Bauer. Hier tanzt die Königin mit den verschiedenen Farben und schreibt ihnen gleichzeitig Qualitäten zu. Im Anschluss an das Lesen oder Vorlesen kann das Kind für sich selber herausfinden, ob es Blau auch als ruhige Farbe und Rot als wilde empfindet. Auf möglichst großem Papier kann es dann den eigenen Tanz der Farben gestalten.

Dieses Büchlein ist sehr geeignet, wenn Kinder beim focusingorientierten Malen zu sehr den Anspruch an sich haben, möglichst realistische Abbildungen der Wirklichkeit zu erstellen. Es eignet sich auch hervorragend zum Einsatz in Kindergruppen und Schulklassen.

Für die Focusingarbeit habe ich ein kleines Heft erstellt, in das die Kinder hineinmalen können. (Anhang 1, Seite 164) Es heißt »Äußere und innere Augen« und erklärt erst kurz, wie das mit dem Focusing so geht, um anschließend Impulse zu geben, eigene Empfindungen in Farben umzusetzen. Sie können dieses Heft mit dem Code *37bm23* auch unter *https://www.arbor-online-center.de/begleitmaterial/* herunterladen.

Die Arbeit mit Märchen

In meinen Überlegungen beziehe ich mich auf die Volksmärchen, also diejenigen Märchen, die eine lange Tradition der mündlichen Weitergabe haben.

Charakteristisch ist das Auftreten bestimmter Figuren, Wesen und Dinge mit magischen Fähigkeiten. Viele der im Märchen auftretenden Figuren entsprechen den sogenannten Archetypen. Das bedeutet, dass bestimmte, grundlegende menschliche Themen in Form eines Wesens auftreten.

Märchen wurden mündlich weitergegeben, und nach meiner Erfahrung entfalten sie auch im freien, mündlichen Vortrag die größte Kraft. Als ich begann, vor Kindern Märchen frei zu erzählen, staunte ich über die Konzentration, die auf einmal spürbar wurde. Obwohl ich fast ohne Requisiten oder Bilder erzähle, sind die Kinder mucksmäuschenstill. In Kindergartengruppen sitzen sogar die dreijährigen Kinder bei altersentsprechenden Märchen wie z. B. »Der dicke, fette Pfannekuchen« ganz ruhig und aufmerksam in der Gruppe.

Märchen erzähle ich immer im Ganzen ohne große Unterbrechungen oder Diskussionen. Ich meine, dass das der Erzählung ihre Kraft nehmen könnte. Kommt von den Kindern eine Reaktion, so binde ich diese in die Erzählung ein. Das geht dann z. B. so: Ich erzähle vom Rotkäppchen, wie es den Weg trotz der Warnung der Mutter verlässt. Ein Kind ruft laut hinein: »Das darfst du doch nicht!« Ich nehme diesen Ruf auf und fahre in der Erzählung ungefähr so fort: »Ja, das Rotkäppchen verließ seinen Weg, obwohl die Mutter gesagt hatte, dass es das nicht darf.« Dabei schaue ich das Kind freundlich an, das hineingerufen hat, fahre aber in der Erzählung fort. Am Ende des Märchens schließe ich dann eine Focusinganleitung an.

Für mich war es bemerkenswert, dass viele der Fragen, die ich in dieser Anleitung vorschlage, den Fragen gleichen oder ähneln, die Eugene Gendlin für die Arbeit mit Träumen vorschlägt.

Zuerst lade ich das Kind ein, für sich zu spüren, was von dem Märchen besonders bedeutsam für es ist (»Du hast nun ein Märchen gehört, in dem viel passiert ist, unterschiedliche Menschen, Wesen und Dinge vorgekommen sind. Magst du dich selber einmal fragen, was das Besondere an dem Märchen für dich war? Welcher Teil, welche Person oder Begebenheit war besonders wichtig für dich?«).

Damit lasse ich jedem Kind die Möglichkeit, sich innerlich mit dem Thema zu verbinden, das gerade wichtig ist. Denn da meist mehrere grundlegende Themen des Menschseins in einem Märchen vorkommen, will ich nicht festlegen, womit das Kind sich weiter beschäftigt. Exemplarisch nenne ich einige Bestandteile des Märchens (der Held, der Weg, das Ende, die magischen Helfer, besondere Gegenstände). Gleichzeitig weise ich immer wieder darauf hin, dass vielleicht etwas bedeutsam war, das ich gar nicht aufgezählt habe. Nur das Kind könne wissen, was gerade besonders wichtig für es war. Dann leite ich an, zu spüren, welche Gefühle auftreten, wenn das Kind an seine bedeutsame Stelle in dem Märchen denkt.

Bei einer Einzelbegleitung ist dies natürlich einfacher, weil es im Austausch und Kontakt geschieht. Oft braucht es auch gar keine explizit formulierten Fragen, weil das Kind von sich aus anfängt, sich zu dem Gehörten zu äußern. Dann folge ich dem, was das Kind sagt. Nur wenn mein Gefühl ist, dass ein wichtiger Aspekt übersehen wird, flechte ich im Sinne von Guiding-Fragen eine der »Traum-Fragen« ein.

Bei Gruppen bedarf es einer gewissen Sprachakrobatik, damit jedes Kind (und bei Erwachsenengruppen jeder Erwachsene) bei seiner bedeutsamen Stelle bleiben kann. Je nach Märchen und Gruppe oder Einzelbegleitung schließen sich dann weitere Fragen an. Zur besseren Lesbarkeit liste ich hier die Aspekte, nach denen Gendlin in seiner Arbeit mit Träumen fragt, in seiner Reihenfolge auf und zeige beispielhaft, wie ich sie in der Kinderarbeit formuliere.

Was steigt auf?

»Du hast jetzt das Märchen gehört, was ist nun in dir los? Was war das Wichtige an dem Märchen für dich?«

Gefühl

»Was für ein Gefühl hast du nun, nach dem Hören des Märchens?« oder: »Wie fühlst du dich, wenn du an das vom Märchen denkst, was dir persönlich besonders wichtig ist?«

Gestern

Hier beziehe ich mich nicht nur auf das Gestern, da es bei dem Märchen ja keinen unmittelbaren Bezug zum Gestern geben muss. Aber ich versuche den Bogen zwischen dem Märchen und dem eigenen Erleben mit dem Kind zu schlagen. Allerdings lenke ich nicht so bald in diese Richtung, wie dies bei Gendlins Traum-Fragen geschieht. Wie immer in der Arbeit mit den Kindern bleibe ich möglichst lange auf der symbolischen Ebene.

Ort

In der Arbeit mit Träumen geht es hier darum, den Handlungsort zu erkunden.

In den meisten Märchen findet die Handlung an mehreren Orten statt. Über die Orte wird in aller Regel nur sehr wenig erzählt. Es ist ein dunkler Wald, ein tiefer Brunnen oder ein königliches Schloss.

Nehmen wir als Beispiel das Märchen »Die Bienenkönigin«. Hier sind die Orte das heimatliche Gehöft, die große Stadt, der Wald mit dem See und das versteinerte Schloss. Wenn klar ist, auf welchen Teil, welche Teile sich das Kind bezieht, so kann angeregt werden, den Ort des Geschehens genauer zu erkunden. Das könnte sich so anhören: »Für dich ist das Retten der Tiere besonders wichtig. Sie alle leben im Wald. Schau dich doch mal in deiner Fantasie in diesem Wald mit den unterschiedlichen Tieren um. Was bemerkst du? Wie ist das für dich, was du hier so entdeckst?«

Handlung

An diesem Punkt wird in der Traumarbeit von der Begleiterin kurz die Handlung zusammengefasst. Dies dient zum einen als erweitertes Saying Back. Es ermöglicht der Träumerin bzw. dem Träumer, noch einmal zu überprüfen, ob es für sie oder ihn so stimmig ist. Gleichzeitig findet noch einmal eine Konzentration auf den Inhalt des Traumes statt.

Bei der Märchenbearbeitung drehe ich die Rollen gerne um. Ich bitte das Kind, wenn es sprachlich dazu in der Lage ist, die ihm bedeutsame Passage selbst zu erzählen. Oft passiert dies spontan, gleich nach der Frage »Was war für dich an diesem Märchen besonders wichtig – welcher Teil des Märchens?« Das können selbstverständlich auch zwei oder drei Teile sein.

Machen Kinder die Aussage »Alles hat mir gefallen«, ist das oft ein Zeichen, dass das Märchen aus irgendeinem Grund das Kind nicht erreicht hat. Wenn ich dies spüre, leite ich eher zu der Frage über, ob das Kind ein besonderes Lieblingsmärchen hat.

Charaktere

Zumeist gehören zu dem Teil des Märchens, der als bedeutsam erlebt wird, ein oder mehrere Lebewesen. Ähnlich wie bei den Orten ist die Schilderung der Charaktere sehr knapp.

Bei vielen Märchen sind die Figuren sehr typisiert. Die Mädchen und Frauen sind arm, häufig fromm oder mildtätig. Die Jungen und Männer tapfer, neugierig auf die Welt und oft von adliger Herkunft.

Aber was genau ist für das zuhörende Kind ein armes, frommes Mädchen? Mit vielen Märchenworten können die Kinder nichts mehr anfangen. Darum ist es gut, hier auch die Gelegenheit zu nutzen, um diesen Beschreibungen eine Bedeutung zu geben. Dann kann sich die Frage anschließen, was dieser Charakter im eigenen Erleben auslöst.

Häufig ist Kindern beispielsweise beim Märchen vom süßen Brei die alte Frau im Wald wichtig. Das ganz Besondere an ihr ist, dass sie die Not des Kindes schon kennt, bevor es diese geäußert hat. Im Gespräch mit dem Kind liegt dann die Frage ganz nah: »Hast du das schon einmal erlebt, dass jemand einen Wunsch, eine Angst, ein Problem von dir schon kannte, ohne dass du es gesagt hattest?« Hier ist besonders wichtig, dass die Fragerichtung in den Brust- und Bauchbereich zielt, zum Spüren hin. Sonst kommen belastete Kinder leicht in eine Entmutigung: »Mir hilft nie jemand, die anderen merken nicht, wie es mir geht.«

Auch scheinbar kleine Begebenheiten sind bedeutsam, sie machen einen Unterschied aus. Zudem ist ja im Negativen oft die innere Überzeugung: »Was schon einmal passiert ist, kann jederzeit wieder sein.« Wenn es gelingt, diesen Glaubenssatz im Positiven zu füttern, ist dies sehr stärkend für den Weg des Kindes.

Märchen wie das von der bösen Nixe können hier noch mehr unterstützen: Dreimal wirft das fliehende Mädchen einen Alltagsgegenstand hinter sich. Dreimal verwandelt sich der Gegenstand in ein Hindernis.

Welcher Teil von mir?

Das Kind ist mit einem Ausschnitt des Märchens in Resonanz. Irgendeine Erfahrung, Handlung oder Person wird als bedeutsam erlebt. Beim Märchen von der Bienenkönigin identifizieren sich immer wieder Kinder mit dem sogenannten Dummling. Sie fühlen sich selber als dumm oder werden von anderen so bezeichnet. Das Märchen tröstet diesen Teil auf ganz einzigartige Weise, denn der Dummling rettet die Brüder.

Diese Person sein

Scheinbar ist das ein Widerspruch zur obigen Frage: Einmal partialisieren wir und versuchen dem Kind zu zeigen, dass es unterschiedliche Anteile in sich trägt. Hier aber laden wir das Kind ein, sich wirklich mit der Figur oder dem Gegenstand zu identifizieren und zu spüren: Wie wäre es, z. B. der Dummling zu sein? Wie würde sich das anfühlen, wie würdest du stehen, laufen etc.?

Da ich mir dieses Widerspruchs bewusst bin, gebe ich die zwei Fragen nicht in einer Sitzung als Vorschlag und nicht direkt hintereinander.

Arbeitet man mit Erwachsenen, könnte man beide Fragen in umgekehrter Reihenfolge untersuchen. Zuerst geht man in die Identifikation: Wie wäre es, ganz die gewählte Person oder der Gegenstand zu sein? Danach lösen wir die Identifikation auf, indem wir suchen, was für Teile es neben dem gewählten gibt.

In der Arbeit mit den Kindern bieten sich anschließend an diese Frage diverse Übungen aus der Theaterpädagogik an. Das Kind darf in die Rolle schlüpfen, ausprobieren, wie z. B. ein Dummling läuft, wie seine Körperhaltung ist und auch, wie sie sich verändert, wenn er die Brüder erlöst hat.

Wie kann der Traum weitergehen?

Diese Frage eignet sich besonders für die Arbeit mit einem einzelnen Kind. Letzten Endes ist es die bekannte Wunderfrage: »Wenn alles von deinem Anliegen gelöst wäre, wie würde sich das anfühlen?«

Wenn ein Kind sich mit dem Helden/der Heldin des Märchens identifiziert, so hat es ja am Ende des Märchens die Hindernisse überwunden, sich seinem Lebensthema gestellt und kann nun glücklich und zufrieden leben. Genau das wünscht sich ja das Kind auch: dass es nicht mehr länger der Dummling ist, wie Hänsel und Gretel sicher zum Vater zurückfindet oder wie Dornröschen von dem Fluch befreit wird.

Bei der Frage »Wenn alles gelöst wäre …«, liegt die Betonung auf dem zweiten Teil: »… wie würde sich das im Körper anfühlen?«

Der Körper weiß, wie er sich ohne diese Belastung anfühlen würde, und man kann es körperlich wahrnehmen. Von diesem Punkt her ist es möglich, auf die jetzige Situation zu schauen und einen kleinen, wirklich sehr kleinen Entwicklungsschritt zu finden.

Dies zu begleiten ist mit einer Kindergruppe nicht wirklich gut machbar. Meist wählen die Kinder viel zu große Schritte, die sie tun wollen. Das gelingt meist nicht, und statt der gewollten Ermutigung produzieren wir eine Entmutigung. Von daher würde ich in der Arbeit mit Klassen von dieser Intervention eher absehen.

Ist die Kindergruppe klein und vertraut genug, so kann man mit den einzelnen Kindern im Kreis die Schritte überprüfen. Die Begleitung des ersten Kindes ist dann exemplarisch für die anderen Kinder. Sie beginnen dann häufig innerlich, ihre eigenen Schritte zu verkleinern. So kann aus dem Vorsatz: »Ich treibe jetzt ganz viel Sport, damit mich niemand mehr «Dickmops» nennen kann« der Schritt entstehen: »Ich laufe heute Abend die Treppe schneller hoch als sonst«. Jedes Kind wird in dieser Weise unterstützt, einen gelingenden Schritt zu finden. Das Zuhören bei den anderen Kindern hilft einerseits, zu bemerken, dass sich jeder meist zu große Schritte vornimmt und wie klein der Schritt sein darf. Zudem gibt die Kindergruppe die Möglichkeit, auch als Schritt ein anderes Kind um Unterstützung zu bitten.

Symbole

Die Symbole im Märchen kommen nicht aus der fokussierenden Person, sondern sind vom Märchen vorgegeben. Trotzdem kann die Auslegung der Symbole individuell sein. Ich bin immer wieder überrascht, welche Gedanken Kinder haben. Besonders fasziniert sind die Kinder von magischen Gegenständen, die schließlich die Erlösung mit bewirken. Die Sehnsucht nach diesen Gegenständen ist groß. In der Einzelarbeit ist es möglich, zu suchen, wer oder was ein wenig von den Qualitäten dieser magischen Gegenstände hat. Da kommen im besten Fall dann Personen oder Tiere, die wichtige Ressourcen für das Kind darstellen.

Gegensätze

Bei der Arbeit mit Träumen bietet es sich an, zu fragen, was im Traum so ganz anders als in der Realität ist. Bei der Arbeit mit Märchen führt diese Frage eher ins Bedauern, weil es keine Helfer, magischen Dinge und wundersame Erlösung gibt. Je nach Typ des Kindes reagiert es hier so, wie seine grundlegende Struktur ist: mit Ärger, Wut, Entmutigung. Hier ist das Kind im sogenannten strukturgebundenen Erleben, das ohne Hilfe von außen nicht durchbrochen werden kann. Daher wende ich diese Frage bei Gruppenanleitungen überhaupt nicht an. In der Einzelarbeit ergibt es sich von selbst, dass das Kind Parallelen zwischen dem Verlauf des Märchens und dem eigenen Leben zieht, wenn ihm das wichtig ist.

Kindheit

Kinder leben ja die Kindheit, und dennoch gibt es bei ihnen ein vorheriges Leben. So wie man auch schon mit jungen Kindern mit dem inneren Kind arbeiten kann, kann man fragen: »Erinnert dich etwas vom Märchen an früher, als du noch kleiner warst?« Manchmal erinnern sich dann ältere Kinder oder Jugendliche z. B. an Mobbingsituationen (»Die Bienenkönigin«). Auch diese Fragerichtung eignet sich eher für die Arbeit mit einem einzelnen Kind.

Die übrigen Fragen (Sexualität und Spiritualität), die Gendlin bei der Traumarbeit anwendet, benutze ich nicht. Es gab noch keine Situation, kein Märchen, wo mein Gefühl war, es würde sich diese Fragerichtung geradezu aufdrängen.

Persönliche Wachstumsrichtung

Der Frage nach einer persönlichen Wachstumsrichtung gehe ich am liebsten durch das Verfassen eines eigenen Märchens nach. Das Kind und ich verfassen gemeinsam ein Märchen, das ganz persönlich für dieses Kind gilt. Diese Märchen werden oft wie ein kostbarer Schatz gehütet. Das Vorgehen beschreibe ich in einem gesonderten Kapitel.

Abschluss

Am Ende eines angeleiteten Prozesses für Kindergruppen schlage ich meist eine Gestaltungsform vor. Bei der Begleitung eines einzelnen Kindes geschieht die Gestaltung an passender Stelle.

Einige Gestaltungsideen möchte ich aufzeigen, um Ihnen Mut zu machen, Ihre eigenen Stärken und Vorlieben zu nutzen und zu Ihrem Stil zu finden.

Malen

Die Kinder können malen, was sie bewegt, die wichtigste Szene oder auch das Gefühl, das beim Anhören entstanden ist. Wenn ich vorhabe, Malen anzubieten, dann füge ich in die Achtsamkeitsanleitung einen Satz ein wie: »Und nimm jetzt das Ganze von dem, was dir wichtig an dem Märchen war. Warte ein bisschen, ob sich in dir ein Bild entwickelt. So wie: ›Das Ganze von dem, was wichtig für mich war, ist …‹«

Schließlich geht es nicht um das exakte Nachmalen einer Märchenszene, sondern um das innere Erleben. Aber wenn ein Kind eine Szene realistisch malen möchte, ist das genauso in Ordnung.

Nachspielen

In kleineren Gruppen kann das Märchen nachgespielt werden, und so weit als möglich kann jedes Kind die für besonders wichtig erachtete Person oder den entsprechenden Gegenstand darstellen.

In der Achtsamkeitsanleitung wäre dann der Satz ungefähr so: »Und nimm jetzt das Ganze von dem, was dir wichtig an dem Märchen war. Dann stell dir die Frage nach innen: Welche Person, welcher Gegenstand wäre ich gerne? Das kann auch etwas sein, was ich gar nicht erzählt habe, aber in dir beim Hören entstanden ist.«

Aufstellen

Bei größeren Gruppen bietet sich statt des Nachspielens eine Aufstellung an. Die Achtsamkeitsanleitung wäre wie beim Nachspielen. Besonders wichtig ist es hier, auf jeden Fall darauf hinzuweisen, dass auch etwas gewählt werden kann, von dem ich nicht erzählt habe, was aber für das Kind eine besondere Bedeutung im Zusammenhang mit der Geschichte bekommen hat. In einer Aufstellung zur Weihnachtsgeschichte mit einer Grundschulklasse wollten Kinder z. B. das Licht der Sterne oder die Stadt Bethlehem sein.

Konkret frage ich jede Person des Märchens nacheinander ab. Also: Wer fühlte sich besonders verbunden mit dem Dummling? Dann melden sich vielleicht vier Kinder, die kurz sagen können, was für sie so wichtig an der Rolle des Dummlings ist. Das ist aber keine Bedingung, nichts vom eigenen Erleben muss veröffentlicht werden. Diese

Kinder stellen sich auf die Fläche, die für die Aufstellung vorgesehen ist. Sind alle für wichtig erachteten Personen gestellt, dann frage ich z. B. nach Gegenständen oder bitte das erste noch sitzende Kind, seine Wahl mitzuteilen. Am Ende stehen alle Kinder und repräsentieren ihre Wahl. Eine kurze Achtsamkeitsanleitung beendet dann die Aufstellung. Ich bin immer wieder überrascht, welche Dinge die Kinder besonders beeindruckt haben.

Bei der Aufstellung kann man sich an dem Ort oder den Orten des Märchens orientieren. Mit einfachen Mitteln wie farbigen Tüchern kann man sie andeuten. Jedes Kind kann sich dann seinen Platz selbst suchen. Der Dummling ist meist mehrfach besetzt und kann durchaus an verschiedenen Orten stehen. Das eine Kind will gerne am Ende bei den Steintafeln stehen, das andere, meist sehr entmutigte Kind steht im elterlichen Hof.

Eine systemische Deutung der aufgestellten Personen zueinander findet nicht statt, aber manche Positionen merke ich mir. So kann ich z. B. dem Dummling im Hof der Eltern in einem kurzen Gespräch anbieten, mit mir weiterzuarbeiten. Denn mein Wunsch für das Kind ist ja, dass es seine derzeitigen Aufgaben bewältigt und gestärkt weitergeht.

Verfassen eines eigenen Märchens

Märchen haben einen klaren Aufbau und eine Struktur sowie bestimmte Elemente, die jeweils in unterschiedlicher Form auftreten. Die Analyse der »Zutaten« für ein Märchen macht es möglich, selbst eines zu schreiben. Im Internet sind genügend Anleitungen zu finden, wie das gehen könnte.

Das Focusing-Spezifische ist, dass ich mit dem Kind die Bausteine suche, indem ich die Personen, Orte, magischen Gegenstände und Helfer über die Anfrage an den Felt Sense finden lasse.

Jedes Märchen hat einen Märchenhelden, der gewisse Aufgaben zu erledigen hat oder große Gefahren überwinden muss. Das Kind darf spüren, in welcher Form der Held daherkommt: Ist es ein Königssohn, eine Prinzessin, ein armes Kind oder gar ein Tier? Comic- oder TV-Helden eignen sich weniger, weil sie schon ihre eigene, fremde Geschichte haben.

Die Zeit ist im Märchen immer unbestimmt und wird mit »Es war einmal« angegeben. Der Ort wiederum entspringt dem Erleben des Kindes, das diesen Ort als inneres Bild finden kann. Immer, wenn ein Element nicht fokussierend gefunden werden kann, so wird es ausgelassen oder sehr ungenau eingefügt. Manches klärt sich dann im Verlauf der weiteren Suche.

Eine wunderbare Anleitung für das Schreiben von Märchen findet sich in dem Buch »Focusing und Märchen« von Martin Gottstein. Das Spiel »MoonDance« von Friede Gebhard und Rainer Molzahn ist ebenfalls eine Grundlage, um eigene Märchen zu schreiben. Hier sind auf einer runden Scheibe die Satzanfänge zu den Etappen eines Märchens geschrieben, die Figuren und anderen »Zutaten« werden per Zufallsprinzip aus einem großen Pool genommen. Für Erwachsene ist das eine schöne Hilfe, die ich selbst auch benutze, wenn ich für ein Kind ein eigenes Märchen schreibe.

Wenn ich zusammen mit den Kindern schreibe, reichen mir auch die vier Anfänge »Es war einmal …«, »Er/Sie/Es musste/sollte/brauchte …«, »Er/Sie/Es bekam …«, »Er/sie/es …«.

Zuerst darf das Kind festlegen, wer der Protagonist der Geschichte ist. Wenn es mag, darf es zusätzliche Dinge rund um den Helden erzählen, z. B., wo er lebt, wie er wohnt usw. Dann ist die Frage, welche Aufgabe zu erfüllen ist. Die Kinder wählen meist nicht direkt die eigene Schwierigkeit, und doch kommt am Ende etwas heraus, das sie spiegelt und ihnen guttut.

Ein Kind mit nächtlichem Einnässen beispielsweise wird den Helden nicht einnässen lassen. Aber es findet sich häufig eine Aufgabe, die unter dem Symptom verborgen ist. Genauso suchen wir nach den Hilfen, die der Held benötigt. Dann findet das Kind den Weg, der zur Lösung führt.

Gleich zu Beginn des Vorhabens stelle ich mich als Schreiberin zur Verfügung. Die meisten Kinder schreiben nicht gerne mit der Hand, daher übernehme ich diese Aufgabe. So ist das Kind frei in seiner Erzählung und dem Spüren. Zudem fördert dieses Verständnis für die Abneigung des Schreibens die Bereitschaft, mit mir zusammenzuarbeiten.

Puppen als Arbeitsmaterial

Der Begriff »Puppen« ist im Folgenden eine Sammelbezeichnung für jegliche Art von Puppen und auch Kuscheltieren. Wenn ich mich auf eine spezielle Form von Puppen beziehe, weil sie für ein Thema besonders geeignet sind, so schreibe ich das dazu. Insgesamt bin ich immer der Meinung, dass wir das verwenden, was sowieso da ist und nicht zu viel Neues kaufen müssen. Die simpelste Form von Puppe kann der Finger sein, auf den ich mit einem Stift Augen und Mund aufmale.

Die Hauptaufgabe von Puppen ist es, einen Abstand zu schaffen zwischen dem Kind und dem Thema. Wenn ein Kind nicht mehr völlig in seiner Traurigkeit gefangen ist, sondern die Traurigkeit durch eine Puppe dargestellt wird, ist Freiraum geschaffen. In der gemeinsamen Arbeit kann sich das Kind auf die Traurigkeit beziehen. Es gibt ein »Ich und meine Traurigkeit«. Die Puppe übernimmt für eine Zeit die Emotionen, Gefühle und zum Teil auch die Rolle des Kindes.

Puppen als Mittel zum Freiraum-Schaffen

Nachdem das Kind sein Thema oder Anliegen erzählt hat, lade ich es ein, sich aus den vorhandenen Puppen eine herauszusuchen. Dies kann ein Stellvertreter sein z. B. für »die Angst« oder ein Stellvertreter für das Kind. Je nachdem, wofür die Puppe steht, geht die Arbeit weiter.

Ist die Puppe das Kind selber, so kann in Art einer Konferenz auf die Puppe geschaut werden: was sie braucht, was gut wäre, was ein guter Schritt sein könnte. So kann das Kind Erfahrungen mit dem Aufbau eines inneren Beobachters sammeln. Denn zusammen mit dem Therapeuten übt es ja genau dies ein.

Ist die Puppe ein Gefühl, ein Thema, ein Problem, dann kann durch dieses Herausstellen ein Abstand entstehen. Nun ist es möglich, dass das Kind einen Felt Sense entstehen lassen kann, mit dem es möglich ist, weiterzugehen.

Eine weitere Einsatzmöglichkeit, meist von Kuscheltieren, ist das Bewachen eines herausgestellten Themas oder inneren Kindes. Imaginär bekommt das innere Kind (oder Thema) einen guten Platz und das Kuscheltier leistet Gesellschaft. Dies kann auch ganz konkret geschehen: Das Herausgestellte bekommt eine symbolische Figur, gemalt oder durch einen Platzhaltergegenstand. Dann wird der Gegenstand an einen passend weit entfernten Platz gebracht und bekommt das Kuscheltier dazu. Besonders das Herausstellen von inneren Kindern gelingt mithilfe eines symbolischen Beschützers wesentlich leichter.

Puppen zum Aufstellen

Mithilfe von Puppen können Szenen mit mehreren Beteiligten übersichtlicher bearbeitet werden. In der systemischen Therapie ist das Aufstellen mit dem Familienbrett ein Beispiel dafür. Meine Art, mit Puppen, besonders gerne Playmobilfiguren, zu arbeiten unterscheidet sich nur wenig vom systemischen Vorgehen. Allerdings stelle ich mit den Kindern eher Themen aus dem Schulalltag und dem Freundeskreis als Familiensysteme.

So wählte ein Kind bei einer solchen Arbeit einen großen, dunklen Hund für seine Prüfungsangst. Dieser Hund war der Repräsentant für einen inneren Kritiker mit entmutigenden Sätzen. Dann wählte es eine Kinderfigur für sich selbst. In innerer Achtsamkeit suchte es nach einem passenden Abstand. Schnell wurde klar, dass Abstand allein nicht ausreichte, es musste eine Abtrennung her. Da im Raum wenig Material vorhanden war, griff ich nach einem 10 x 10 x 10 Zentimeter großen Holzblock, und das Kind stellte ihn zwischen die beiden Figuren. Dann setzte es die Playmobilpuppe auf den Holzblock. Es wollte sehen, wie es dem Hund ging. Zur Sicherheit wählte das Kind noch eine Puppe für mich und platzierte diese ebenfalls auf dem Holzblock.

Nun aber hatte es Mitleid mit dem einsamen Hund, und wir suchten nach dem, was der Hund brauchen würde. Er brauchte eine Tierwärterin, Wärme und Futter. Danach konnte das Kind mit mir den Holzblock verlassen und etwas anderes tun.

Vor der Aufstellung hatten wir festgestellt, dass die Angst ihren Platz im Bauch habe. Als ich nun nach dem Bauch fragte, war dort ein ruhiges, warmes Gefühl.

Der Transfer gelang dem Kind ganz leicht. Zu Beginn einer Klassenarbeit würde es sich erst um den Hund in ihrem Bauch kümmern und dann erst beginnen zu arbeiten. In der folgenden Woche konnte es schon erfolgreich diesen neuen Umgang mit seiner Angst einsetzen.

Puppen als Stellvertreter des Kindes

Kinder bringen in die Beratung und Therapie eine Menge von Vorkommnissen ihres Lebens mit, wo die Antwort der Außenwelt nicht so war, wie es das Kind gebraucht hätte. Das reicht von einem kleinen Streit auf dem Schulhof, bei dem seine Version nicht angehört wurde, bis zum Ursprung des Lebens, wo ein »Willkommen im Leben« gefehlt hat. Auch wenn das Ereignis selbst schon lange vorüber ist, im Inneren bleibt der so entstandene »Stopp« im Erlebensfluss aktuell. Der Körper sucht weiterhin, wie es an dieser Stelle gut weitergehen kann. Dies tut er in beharrlicher Art und Weise, gleichzeitig bilden sich Erlebensstrukturen aus, die nicht mehr lebendig und frisch sind, sondern sich stets auf das Alte, Fehlende beziehen.

Wer kennt sie nicht, die Sätze der Kinder, die genau auf dieses Erleben hinweisen: »Immer muss ich …«, »Immer bin ich schuld«, »Nie bekomme ich …«.

Wenn wir versuchen, hier über die sachliche Realität zu diskutieren, festigen wir die Struktur eher. Das Kind erlebt erneut, dass es in seinen Bedürfnissen nicht gesehen wird.

Durch Forschungen wurde bewiesen, dass das Gehirn intensiv Imaginiertes genauso erlebt wie Reales. Auf dieser Basis arbeitet das sogenannte »Refilling«, das Wieder-Auffüllen oder Neu-Auffüllen. Das Kind erlebt eine typische Situation, in der es vor langer Zeit nicht die benötigte Reaktion bekommen hat. Aber in der Imagination bekommt es diesmal die Reaktion, die es braucht.

Cora (zehn Jahre) kommt sehr erregt in die Therapie. In der Schule hatte sie Bauchschmerzen gehabt und die Sportlehrerin hatte dies ignoriert. Daraufhin ging sie allein in die Umkleidekabine und weinte. Ihre Erzählung ist aufgebracht und leicht verwirrend für mich, weil sie so schnell und ohne eindeutigen

Erzählfaden redet. Ich bitte das Mädchen, mit den Fingerpuppen die entscheidende Szene nachzuspielen. Nachdem sie dies getan hat, frage ich sie: »Hast du Lust, mit mir das noch einmal zu spielen? Aber diesmal machen wir es so, wie es gut für dich gewesen wäre. Du sagst, was die Lehrerin tun soll und auf welche Weise.«

Cora wünscht sich, dass ich die Lehrerin übernehme. Ich willige ein, bitte aber darum, dass Cora mir souffliert, wenn ich es nicht richtig spiele.

Daraufhin spielen wir die Szene in der Turnhalle erneut. Die Lehrerin geht empathisch mit dem Kind um, nimmt Cora in den Arm und erlaubt ihr, mit der Freundin in die Umkleide zu gehen und sich hinzulegen. In der nächsten Schulpause wird sie die Mutter anrufen, damit Cora abgeholt wird.

Als das Spiel beendet ist, atmet das Mädchen tief ein: »Das war gut, so hätte es sein sollen.« Das gesamte Spiel hat kaum zehn Minuten gedauert, aber den nötigen Freiraum geschaffen, um weiterarbeiten zu können.

Puppen zum Erlernen von Selbstfürsorge

Im obigen Beispiel wusste das Mädchen, was es gebraucht hätte. Aber immer wieder kommen Kinder in die Therapie, die kein Spüren mehr für das haben, was sie selbst brauchen. Diese Kinder wählen oft von sich aus ein Kuscheltier, mit dem sie sich beschäftigen. Das Spiel ist nicht immer fürsorglich, oft müssen die Tiere einiges aushalten. Und doch kommen Momente, in denen das Tier versorgt wird. Hier kann dann zum Innehalten eingeladen werden, um das Erleben zu vertiefen. Das Kind kann spüren, wie gut es für das Kuscheltier ist, zu essen zu bekommen, gewärmt zu werden usw. Vorsichtig kann irgendwann auch der Blick des Kindes auf sich selbst gelenkt werden. Ein Transfer vom Spiel mit dem Kuscheltier auf eigene Bedürfnisse kann stattfinden. Zudem erlebt das Kind im Spiel mit den Kuscheltieren, dass es jemanden versorgen kann. Ohne es zu verbalisieren, kommt etwas von dieser Fürsorge auch beim Kind selbst an und nährt sein inneres Kind.

Dieser Einsatz von Puppen ist oftmals bei traumatisierten Kindern ein wichtiger Schritt.

Schreiben als Medium

Viele Kinder, denen ich begegne, schreiben nicht gerne, vor allem nicht mit der Hand. Dennoch gibt es vor allem auch bei den älteren Kindern immer wieder den Wunsch, statt zu malen auch mal zu schreiben.

Im Folgenden stelle ich unterschiedliche Formen des Schreibens im Rahmen des Focusing vor – mit Hinweisen auf besonders geeignete Themenfelder.

Freiraum schaffen

Die einfachste Form von Schreiben geschieht im Rahmen von Freiraum-Schaffen. Einzelne Worte oder Sätze finden auf den Freiraum-Zetteln Platz. Wenn Malen und Schreiben gemischt auf einem Blatt auftauchen, so ist in aller Regel das Wort das Bedeutungsvolle. Die entstandenen Zettel werden dann in irgendeiner Form gesammelt. (Mehr dazu im Kapitel »Freiraum«.)

Eine ganz ähnliche Idee ist das sogenannte »Sonnenglas«. Hier werden die sonnigen Momente des Tages gesammelt. Dies kann wieder in gemalter Form geschehen. Da es besonders schön für die Kinder ist, wenn ein lieber Mensch das mit ihnen tut, kann dieser Mensch bei kleineren Kindern auf der Rückseite des Zettels ein oder zwei Sätze notieren. Ältere Kinder können eine Mischung aus Wort und Bild auf die Zettelchen bringen. So entstehende Erinnerungen werden in einem Gefäß, z. B. einem leeren Glas, gesammelt. Jugendliche und Erwachsene finden ihre eigenen Formen. Möglicherweise braucht es dann auch kein reales Gefäß mehr, sondern eine Datei auf dem PC ist der richtige Ort zum Sammeln.

Märchen und Geschichten

Über das Verfassen von Märchen für das oder mit dem Kind habe ich im entsprechenden Kapitel ausführlich geschrieben. Aber die Handlung, die Problematik oder das Thema kann auch ohne den Rahmen eines Märchens aufgeschrieben werden. So habe ich mit einem Kind, das große Angst vor einer OP mit Narkose hatte, eine Geschichte geschrieben. Gemeinsam haben wir überlegt, was alles zu einem guten und gelungenen Krankenhausaufenthalt gehören könnte. Die Mehrbettzimmer haben neue Freundinnen ermöglicht, die Besucher hatten Zeit für die Lieblingsbrettspiele, die Süßigkeiten wurden nicht mehr so streng rationiert und während der Narkose erlebte das Kind eine wunderbare Reise.

Andere Kinder diktieren mir ihre Geschichten völlig selbstständig und brauchen keinerlei Hilfen beim Formulieren. Es reicht, dass der Druck des Selbst-Aufschreibens entfällt.

Freie Texte

Freie Texte können in Form von Tagebucheinträgen entstehen. Bei den Kindern bevorzuge ich hier wieder eine Mischung aus Malen und Schreiben. Für die Kinder, bei denen ich das Gefühl hatte, eine Art Tagebuch könnte hilfreich sein, habe ich eine kleine Vorlage entwickelt (Anhang 2, Seite 174).

Wichtig ist auch hier, dass möglichst ein Erwachsener das abends mit dem Kind tut. Das stärkt die Beziehung und hat eine systemische Wirkung. Manchmal konnten Elternteile so ihre Einstellung zum Kind verändern. Aus dem defizitären Denken wurde ein ressourcenorientierter Blick.

Freies Schreiben kann auch in besonders emotionalen Situationen eine Möglichkeit sein, sich auszudrücken. Meist entsteht durch das Schreiben, durch die motorische Anstrengung ein dichterer Text als beim Erzählen. Eine Verlangsamung, ganz im Sinne des Focusing, findet statt.

Der folgende Text stammt von einem achtjährigen Mädchen. Er entstand beim Besuch eines Hügelgrabes unter Zuhilfenahme von Schreib-Impuls-Karten, die ich entwickelt habe. Das Mädchen wählte den Impuls »Was fließt in meinem Leben?«.

Wölfe springen, spielen, jaulen,
heulen auch den Vollmond an.
Ich fließe zu Familie, Freud,
aber auch zu Einsamkeit, Trauer, Streit.
Denn so weit gehen die Gefühle,
in denen ich innen drinne wühle.
Aber was ich noch gut find –
Ja, was mich mit dem verbind':
Anders sein, toll ist das!
Und manchmal richtig, richtig dolle krass!

(Olivia Kniep 2021)

Was für eine Erleichterung steckt in den letzten Zeilen. Denn »anders« zu sein wird weder von Kindern noch von Eltern immer als wertvolle Erfahrung erlebt. Hier aber steht es: »Toll ist das!«, und ein Rückgriff darauf wird in schwierigen Situationen möglicherweise wieder die Energie dieses Erlebens zugänglich machen.

Siebeneinhalb Minuten

Aus dem therapeutischen Schreiben kommt die Idee der Siebeneinhalb-Minuten-Texte. Hier schreibt man genau diese Zeit, ohne abzusetzen, ohne Pausen zum Nachdenken. Der Stift soll im Fluss gehalten werden, um die inneren Zensoren auszuschalten. Dadurch kommt alles aufs Papier, auch innere Dialoge. Eine andere Form wäre, drei Seiten ohne Absetzen zu füllen.

Diese Art des Schreibens kann von älteren Kindern, Jugendlichen und Erwachsenen genutzt werden, sowohl im Rahmen von Freiraum-Schaffen als auch als Grundlage für andere Texte. Die dabei entstandenen Texte werden nicht vorgelesen, was auch vorab unbedingt gesagt werden sollte.

Abc-Darium

Schon mehr Struktur bietet das Verfassen eines Abc-Dariums.

Hier wird zu jedem Buchstaben des Alphabets ein Wort gesucht. Das Thema des Abc-Dariums kann aus einem Bereich kommen, in dem das Kind stark ist, oder es erwächst aus der gemeinsamen Arbeit. Ich habe mit den Kindern z. B. über Themen geschrieben wie »Meine Gefühle«, »Was hilft gegen Ärger?« oder »Über mich«. Diese Sammlung von Wörtern hat einen Rätselcharakter und bringt damit etwas Leichtes auch in schwierige Themenfelder. Die Wortsammlung kann dann als Ausgangspunkt für weitere Arbeiten dienen. Das kann das Verfassen von freien Texten sein oder auch spielerische Aktionen. Wörter von Gefühlen können zu einer Sammlung von Smileys führen, die dann in einem Türschild verwendet werden. Genauso können die gefundenen Worte die Grundlage für eine Pantomime sein. Die Spielfreude und Kreativität der Beteiligten kann hier zum Tragen kommen.

Akrostichon

Zur (Selbst-) Ermutigung eignet sich die Form des Akrostichons besonders. Dazu werden die Buchstaben eines Wortes untereinander geschrieben. Mit diesen Anfangsbuchstaben werden beschreibende Adjektive oder Sätze gebildet. Ich nehme hierfür sehr gerne den Namen des Kindes. Wichtig ist dabei, für alle Fälle eine Wortliste bereitzulegen. Trotzdem sind manche Namen eine echte Herausforderung, z. B. beim Vorkommen von J oder Y oder auch Häufungen von denselben Buchstaben. Ist das Akrostichon fertig, so kann es zu einer Kraftquelle werden. Allerdings gelangen negative (Selbst-) Zuschreibungen auch nicht aufs Papier. Im Gespräch haben sie ihren Platz, aber festgeschrieben werden müssen sie nicht.

Gedichte

Eine besondere Form des Schreibens mit Kindern ist das Verfassen von Gedichten. Gut ist es, wenn ein einfaches Schema vorhanden ist. Das lädt ein und nimmt die Angst.

Solch ein einfaches Schema kann sein:
Ich bin …
Ich bin …
Aber …

Hier das Beispiel eines Viertklässlers:

Ich bin KJ.
Ich bin gut in Sport,
Aber ich bin auch gut in Rechnen!

Gerade der letzte Satz mit dem Beginn »Aber« ist manchmal eine Einladung, etwas Neues von sich zu zeigen.

Elfchen

Ein Schema, das die meisten Kinder aus dem Unterricht kennen, ist das Elfchen. Die Aufgabe, einen Sachverhalt in elf Wörtern auszudrücken, ist eine Herausforderung. Nimmt man dann noch das letzte Wort des Schemas als Zusammenfassung aus dem Spüren heraus, so geschieht Focusing wie von selbst.

1. Zeile: Ein Wort: Worum geht es?
2. Zeile: zwei Worte, evtl.: Was macht das erste Wort?
3. Zeile: drei Worte, bezogen auf die erste und die zweite Zeile.
4. Zeile: vier Worte, gegebenenfalls eine Ich-Aussage.
5. Zeile: Zusammenfassung, wie ich es erlebe.

Angst,
mehr klein
nachts im Dunkeln,
wenn ich alleine bin.
Schlafen!

Rondell

Mit positiven Sätzen, Affirmationen und anderen bedeutsamen Aussagen kann ein Rondell geschrieben werden.

1. Zeile: Text, wichtige Aussage.
2. Zeile: Text: Erweiterung von erstem Satz.
3. Zeile: freie Assoziation.
4. Zeile: wie erste Zeile, evtl. leicht umformuliert.
5. Zeile: freie Assoziation.
6. Zeile: freie Assoziation.
7. Zeile: wie erste Zeile, evtl. leicht umformuliert.
8. Zeile: wie zweite Zeile, evtl. leicht umformuliert.

Mein kleiner Bruder
Ist nervig und süß.
Er will immer raufen,
Mein kleiner Bruder,
Er lügt, dass ich ihn geschlagen habe,
Er teilt alles mit mir.
Mein kleiner Bruder
Ist nervig und sehr süß.

Manchmal kommt durch ein Gedicht etwas ans Licht, das vorher nie thematisiert worden ist. Ich hatte beispielsweise mit einem Mädchen schon viel über die Trennung ihrer Eltern gearbeitet. In all den Stunden hatte sie nie gesagt, dass sie große Ängste vor Obdachlosigkeit hatte. Durch die Form des Rondells konnte sie sie ausdrücken, und damit war es möglich, darüber zu sprechen.

Mein Tag

Eine etwas komplexere Form ist das »Rezept« für die Gedichtform »Mein Tag«.

Die Bestandteile sind ein Tier, zwei Eigenschaften, zwei Farben, ein Ort und eine Ich-Aussage. Diese Art des Schreibens gelingt nur mit älteren Kindern und Jugendlichen. Dann aber kann es zu sehr intensivem Focusing mit sich selbst genutzt werden. Ich selbst habe über einen gewissen Zeitraum regelmäßig am Morgen so ein Gedicht geschrieben. Dabei habe ich bemerkt, dass es im Verlauf des Tages einen Unterschied macht, ob ich morgens über ein Mäuschen oder eine Löwin geschrieben habe. Nachdem ich entdeckt hatte, dass diese Morgenübung Einfluss auf den Tag hat, konnte ich diesen Effekt auch nutzen. Entsteht in mir ein Mäuschen-Gedicht, so halte ich danach inne und versuche, mich mit meiner Kraft zu verbinden. In einem kleinen Focusingprozess suche ich, wen ich neben dem Mäuschen noch in mir finden kann. Dann kann ein zweites Gedicht entstehen, das mich stärkt und mir durch den Tag hilft. Manchmal bezieht sich das zweite Gedicht in irgendeiner Form auf das erste und die Löwin bietet dem Mäuschen Schutz.

Hier das Beispiel einer Achtjährigen; ihre Worte waren: Katze, Ofen, bequem, weich, grün, weiß.

Die Katze liegt bequem am Ofen. Der Ofen ist grün und weiß.
Die Katze ist weich. Ich wäre gerne eine Katze, dann würde ich oft gekrault werden.

Gruppengedichte

Eine sehr schöne Form des Schreibens im Focusing mit Kindern ist angelehnt an ein altbekanntes Spiel. Als Kinder haben wir oben auf das Papier einen Kopf gemalt und es dann nach hinten weggeknickt, sodass nur der Halsansatz noch zu sehen war. Das Blatt wurde weitergeschoben zum Nachbarn, dieser hat einen Oberkörper drangefügt und wieder weggeknickt. So war nur der Ansatz für die Beine zu sehen. Am Ende kam ein lustiges Männchen oder Monster heraus.

Dieses Prinzip kann man gut in Kindergruppen einsetzen, vor allem für ermutigende Gedichte. Es beginnt mit einer kurzen Achtsamkeitsanleitung. Freundschaft ist z. B. ein sehr geeignetes Thema. In jeder Klasse sitzen Kinder, die sich dringend einen Freund wünschen oder gerade Streit mit ihrem Freund/ihrer Freundin haben. In der Achtsamkeitsanleitung helfe ich den Kindern, von innen heraus einen bedeutsamen Satz zu dem jeweiligen Thema zu finden. Dieser wird auf die erste Zeile des Blattes geschrieben. Dann schieben alle Kinder das Blatt im Uhrzeigersinn weiter. Bei größeren Gruppen empfiehlt es sich, die Kinder in kleinere Gruppen aufzuteilen. Sechs bis acht Zeilen sind für Kinder genug. Auch bei älteren Kindern und Jugendlichen sind ungefähr zehn Zeilen die Obergrenze. Ansonsten werden die Anforderungen an die Konzentration zu groß. Nach dem Weiterschieben liest jedes Kind den vor ihm liegenden Satz und bezieht sich bei der nächsten Achtsamkeitsanleitung nur noch darauf. Vor dem nächsten Weiterschieben wird der ursprüngliche Satz weggeknickt. Das folgende Kind hat also wieder nur einen Satz, auf den es sich bezieht. Ist die Runde durch, so darf jeder sein eigenes Blatt auffalten und lesen.

Da ist schon so manch eine Träne der Berührung geflossen. Ich erinnere mich an ein Gedicht, das ein sehr verzweifelter Junge bekam. Er war der absolute Außenseiter und völlig entmutigt.

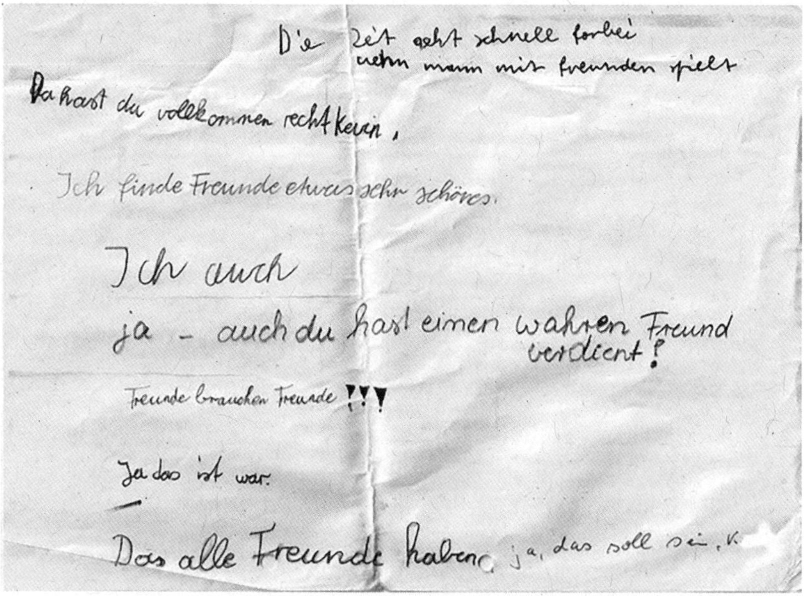

Die Zeit geht schnell forbei
wenn mann mit freunden spielt

Da hast du vollkommen recht Kevin ,

Ich finde Freunde etwas sehr schönes.

Ich auch

ja - auch du hast einen wahren Freund verdient!

Freunde brauchen Freunde !!!

Ja das ist war.

—

Das alle Freunde haben. ja, das soll sein. K.

Die ganze Klasse war berührt und betroffen, als sein Text vorgelesen wurde. Denn während der Schreibphase geht das Gefühl dafür verloren, wer das Blatt am Ende bekommt. Man bezieht sich nur noch auf den einen Satz, den man liest. Den Kindern ist es am Ende freigestellt, ihr Gedicht vorzulesen, vorlesen zu lassen oder ganz für sich zu behalten.

Beim Schreiben im Focusing geht es mit wenigen Ausnahmen nicht um die Produktion eines Textes. Vielmehr steht der Prozess im Mittelpunkt, wie ich zu dem Text komme. Selbstverständlich spielen Rechtschreibung und Schönheit der Schrift nur eine sehr untergeordnete Rolle.

Geeignete Texte aus der Literatur, dem Lesebuch oder anderen Quellen können inspirierend sein. Wenn eine Form, eine Vorlage da ist, nimmt das die Scheu, selbst zu schreiben. Bewährt hat es sich in der Arbeit mit Gruppen, die Kinder in Kleingruppen oder Partnerarbeit schreiben zu lassen. Das reduziert die Anspannung und die Ängste der Kinder erheblich.

Töne und Musik

Musik, vor allem auch in Form des aktiven Musizierens, ist seit meiner Kindheit ein fester Bestandteil meines Lebens. Leider hatte ich aus räumlichen und technischen Gründen nur sehr wenig Möglichkeiten, sowohl aktives als auch passives Musizieren in meine Arbeit einzubeziehen.

In meinem privaten Praxisraum gibt es eine Box voll einfacher Rhythmusinstrumente, einige Trommeln und Klangschalen. Nach den Trommeln greifen die Kinder sehr gerne, um sich auszudrücken. Besonders gern probieren sie aus, wie fest sie darauf schlagen und wie laut sie damit werden können. Wie Trommeln gegen Wut hilft, beschreibt Christine Nöstlinger sehr liebevoll in dem Bilderbuch »Anna und die Wut«. Dort wird von Annas Wut erzählt, die durch nichts zu stoppen ist. Erst als das Mädchen eine Trommel geschenkt bekommt, kann sie ihre Wut ausdrücken und sich auch selbst damit wieder beruhigen.

Mit zwei Trommeln treten Kind und Begleiter miteinander in einen Dialog. Mit der eigenen Trommel nimmt der Begleiter den Rhythmus auf, so versetzt er sich besser in das Kind hinein. Auf diese Weise bekommt er über die eigene Resonanz ein wenig davon mit, wie sich das Kind fühlt. Es kann sich ein gemeinsames Spiel entwickeln. Wenn das Kind mit der Trommel den Rhythmus verändert, reagiere ich darauf. Ich verändere meinen Rhythmus analog zum Kind oder wechsle auf etwas ganz Eigenes. Meine Antwort auf das Trommeln des Kindes kann möglicherweise auch eine Veränderung von Rhythmus, Tempo oder Lautstärke sein. Immer wieder lade ich so ein, miteinander zu hören, zu spüren und aufeinander zu antworten.

Öfter wechsle ich dann auch das Instrument, um einen neuen Impuls zu setzen. Denn im Focusing geht es ja nicht nur um das bloße Ausagieren der Gefühle. Antwortet auf das Trommeln auf einmal der helle Klang von Zimbeln, so wird das Kind wieder neu aufmerksam auf mich als Gegenüber. Anhand der Reaktionen merke ich, wie diese Unterbrechung wirkt. Es gibt Kinder, die dann erst recht laut und heftig auf die Trommel schlagen. Wenn das passiert, versuche ich zu spüren, ob mein Versuch, etwas anderes anzuregen, zu früh kam oder ob das Kind von mir einen anderen Impuls braucht.

Während des Spiels flechte ich immer dann Sprache ein, wenn ich meine, dass das Kind dafür bereit ist. Ich versuche, das Spiel mit dem körperlichen Spüren zu verbinden, z. B. so: »Wenn du so trommelst, wie ist das für dich?«; »Wie fühlt sich das für dich an?«; »Was spürst du dabei?« oder »Gibt es etwas in deinem Körper, was du bemerkst, während du Musik machst?«. Behutsam tastend versuche ich mit dem Kind einen Weg zu finden, um mit dem zu sein, was es gerade bewegt.

In einer Schule war ich im Musikraum untergebracht. Hier konnte ich mit den Kindern etwas mehr ausprobieren. Besonders beliebt war hier das E-Piano, aber auch die tiefen Töne der Klangstäbe.

Ein zehnjähriger Junge kommt einmal pro Woche zu mir ins Musikzimmer. Anfangs ist er nur daran interessiert, auf alle zur Verfügung stehenden Trommeln und Xylophone einzuschlagen. Auf dialogische Formen lässt er sich nicht ein. Als er nach ein paar Stunden das E-Piano entdeckt, ändert sich dies. Er schlägt einige sehr hohe Töne an, als ich ihm vorschlage, auf dem E-Piano auszudrücken, wie es ihm geht. Ich antworte mit etwas tieferen Tönen. Es entwickelt sich ein Frage- und Antwortspiel ohne Worte. Nach einigen Minuten ist ihm das erst mal genug und er möchte wieder etwas anderes tun. Später entdeckt er die Möglichkeit, bei dem E-Piano verschiedene Klangfarben und Instrumente zu wählen, und den Speicher voller Stücke, die man mit einem Knopfdruck abspielen kann. Es gefällt ihm sehr gut, hiermit zu experimentieren. In den folgenden Stunden versuchen wir immer wieder gemeinsam, für seine Gefühle eine passende Klangfarbe oder ein stimmiges Stück auszusuchen.

Musik spielte aber nicht nur in diesen Einzelstunden eine Rolle, vielmehr war sie Kennzeichen dieser Schule. An schönen Sommertagen setzte sich der Rektor öfter mit seinem Instrument in den Pausenhof und musizierte. Manche Kinder hörten zu, andere spielten einfach wie immer. Eine schöne Atmosphäre entstand so, zwanglos, heiter, wohlwollend. Dadurch angeregt, brachte ich ein paarmal meine Harfe mit und spielte auch im Pausenhof. Der Junge aus dem oben angeführten Beispiel war völlig begeistert. Er liebte es, sowohl selber zu zupfen, als auch, sich mit dem Rücken an den Resonanzkörper zu lehnen, während ich spielte. Da an der Schule auch eine Tischharfe vorhanden war, zeigte ich ihm diese. Die Bedienung ist relativ einfach, und schnell verstand er, wie er darauf spielen konnte. Er übte auch zwischen meinen Stunden darauf. Als er mir und seiner Klassenlehrerin das erste Mal ein ganzes Lied vorspielte, stiegen mir Tränen der Berührung in die Augen.

Eine andere Art, Musik in meine Arbeit einzubinden, ist das aktive Musikhören in Klassenprojekten. Mit Focusing baue ich am Anfang viele angenehme Spürübungen ein. So hören wir beispielsweise Musik und malen, was sie in uns auslöst, wie es uns mit ihr geht. Für diese kurzen Spürübungen stelle ich den Kindern meist ein DIN-A4 Blatt zur Verfügung, das in vier bis sechs kleine Felder unterteilt wird. Damit will ich allzu ausuferndes Malen verhindern. Sonst wird durch das unterschiedliche Maltempo der Kinder in einer größeren Gruppe die Durchführung erheblich erschwert.

> In einer Klasse hatte ich das Musikhören anfangs ausgelassen, wir hatten nur mit Geschmack und Geruch experimentiert. Es war eine sehr herausfordernde Klasse; der Klassenlehrer hatte mich gebeten, ihn zu unterstützen. Da der Lehrer männlich war, hatte ein dominantes Mädchen die Rolle des weiblichen Rudel-

führers übernommen. Durch mich sah sie ihre Position gefährdet und arbeitete anfangs heftig gegen mich. Schließlich hatte ich das Gefühl, ich müsste auf irgendeine Weise die Herzen der Kinder erreichen und ganz speziell das der Anführerin. Als beste Möglichkeit dazu fiel mir Musik ein, da sie eine sehr direkte Wirkung auf die Emotionen hat.

So nahm ich einen musikalischen Mix in die Focusingstunde mit. Meistens wähle ich vier Stücke, jeweils höchstens vier bis fünf Minuten lang. Zu Beginn nehme ich einen Song aus den momentanen Hitlisten, eher schnell und aktivierend. Klassische Musik ist auch immer dabei, ein drittes Stück bringt immer einen starken Kontrast zu den vorhergehenden. Entweder unterscheidet es sich vom Stil, vom Tempo oder der Tonart her. Ich wähle aus meinem Felt Sense über die Gruppe, was für sie passen könnte. Dabei darf jede Musik das Potenzial haben, gegensätzliche Reaktionen auszulösen. Ich habe gute Erfahrungen mit Blasmusik, Countrymusik, Jazz und zeitgenössischen Komponisten gemacht. Das vierte Stück nehme ich meist wieder aus dem Repertoire, das die jungen Menschen derzeit hören. Gerne auch Film- und Fernsehmusik oder der Soundtrack von Videos, die für die Kinder emotional bedeutsam sind.

Bei der erwähnten Klasse hatte ich einen aktuellen Hit, einen Orgelchoral von Bach, ein Country-Stück und noch einen aktuellen Hit dabei. Es war anfangs wie eine wilde Party. Beim Bach-Choral fingen fünf Kinder an zu weinen, womit ich überhaupt nicht gerechnet hatte. Kurz hatte ich Sorge, wie ich das halten könnte. Aber die mühsame Vorarbeit, vor allem vom Klassenlehrer und auch mir, machte sich bezahlt. Die Kinder trösteten sich gegenseitig und auch ein richtiger Außenseiter bekam Umarmungen und Beistand. Bei der Auswahl der Musik hatte ich im Kopf gehabt, dass die Erstkommunion der Kinder noch nicht lange zurücklag. Meine Idee war, dass der Klang der Orgel die Kinder daran erinnern würde. Aber fast alle Kinder assoziierten mit diesem Instrument Beerdigungen. Viele von ihnen hatten schon Todesfälle in der Familie erlebt, manche trugen immer noch schwer daran. Beim Malen zur Musik zeichnete ein Kind fünf Gräber und schrieb darunter: »So viele Gräber, so viele Verluste.« Es brauchte Zeit, bis alle Tränen getrocknet waren, alles gesagt und gezeichnet, was herauswollte. Dann aber waren die Kinder zum Glück neugierig, welche Musik noch kommen sollte, denn sie sahen, dass noch ein leeres Feld übrig war.

Am Ende der Stunde hörten wir das Anfangslied zweimal und tanzten zwischen den Tischen. Die Pause im Hof fiel aus, stattdessen feierten wir im Klassenzimmer. Es war etwas in Bewegung gekommen.

Viele Wochen später sagte mir das Anführer-Mädchen: »In dieser Stunde habe ich gemerkt, dass Sie auf unserer Seite sind.«

Knetmasse und Ton

Das Arbeiten mit Modelliermassen ist leicht zu realisieren und auch in kleinen Räumen oder bei mobilen Einsätzen gut durchzuführen. Ich verwende Knetmassen in zwei unterschiedlichen Arten, zum einen prozessbegleitend, zum anderen als Gesprächseinstieg.

Prozessbegleitend kann Kneten manchmal passender sein als Malen. Zudem geht von Knetmassen meist ein höherer Aufforderungscharakter aus als von Farben und Papier. Beim Kneten, vor allem auch von Ton, braucht das Kind Kraft und macht zumindest kleine Bewegungen. Daher erfolgt allein durch das Tun schon eine gewisse Spannungsabfuhr. Die Möglichkeit, mit Knetmasse zu arbeiten, bietet sich bei Themen wie Ärger, Aggression und Wut an. Das Knetmaterial darf geschlagen, zusammengequetscht, durchbohrt und aufgeschlitzt werden– alles, was sonst verboten ist.

Ich erinnere mich an ein siebenjähriges Kind, das sehr häufig Wutausbrüche hatte und deswegen von den Eltern zu mir gebracht wurde. Es arbeitete längere Zeit sehr heftig mit den Tonbrocken. Am Ende bohrte es mit dem Finger mehrere tiefe Löcher in den Tonklumpen. Das seien Wut-Löcher, erklärte mir das Kind. In solche Wutlöcher fiel das Kind immer wieder unvermittelt hinein. Dann war es schwer, wieder herauszukommen.

Im weiteren Verlauf der Stunde wurde klar, dass es dem Kind unmöglich war, mit zwei gleichzeitig gegebenen Aufträgen umzugehen. Wenn die Mutter an die Leseübung erinnerte und der Vater gleichzeitig sagte, dass das Zimmer aufgeräumt werden müsse, überflutete das Mädchen die Wut.

Mithilfe der Wutlöcher konnten wir die Wut erkunden. Beim Abholen zeigte das Kind der Mutter den Ton mit den Löchern und erklärte ihr, was es damit auf sich habe. So konnten die Eltern verstehen, was die Wutausbrüche auslöste.

In den folgenden Stunden konnten wir mehr und mehr die Hintergründe dieser so leicht auslösbaren Wut ergründen.

Natürlich können mit knetbaren Massen auch Monster und andere Schrecklichkeiten dargestellt werden. Das Wunderbare an diesen Kreaturen ist die spielerisch leichte Veränderung. Das ansonsten als übermächtig erlebte Wesen kann vom Kind mit einem Druck der Hand entmachtet und zum Verschwinden gebracht werden.

Arbeitet man mit einem Kind z. B. mit Playmobilfiguren, dann ist Knete oft ein gutes Zusatzmaterial. Grenzen können wesentlich besser damit deutlich gemacht werden als z. B. mit einer Schnur. Schutzhöhlen können entstehen, und zusätzlich benötigte Gegenstände sind schnell hergestellt.

Eine andere Art der Arbeit mit Ton oder Knete ist das intuitive Gestalten. Hierbei hält das Kind die Augen geschlossen und bringt die Masse erst einmal in Kugelform. Dabei kann es natürlich auch schon modellieren. Aber der klare Anfang mit einer Kugel hat sich als hilfreich erwiesen. Ist die Kugel in der Hand so weit gediehen, dass das Kind zufrieden ist, kann es sanft drücken, ziehen, bohren – was immer es tun möchte. Irgendwann im Verlauf der Bearbeitung des Tonklumpens öffnen die Kinder die Augen und gestalten das Tonstück bewusst weiter. Den Moment, ab wann sie das Formen auch sehen wollen, bestimmen die Kinder selber. Gemeinsam schauen wir, was da am Entstehen ist. Spätestens, wenn der formgebende Prozess zu Ende ist, können Fragen gestellt werden wie: »Wenn du dieses ›Ding‹ anschaust, wie wirkt das auf dich?« oder »Gibt es denn in deinem Leben auch etwas von diesem ›Ding‹?«

Ein Kind hielt eine Art Vogel in der Hand. Auf die Frage nach der Verbindung zum eigenen Leben kam die Antwort: »Der Vogel denkt, er kann nicht fliegen. Ich denke auch oft, dass ich etwas nicht kann.«

Auf einmal bin ich mit dem Kind im Gespräch. Deshalb mache ich dieses intuitive Tonen gern mit eher schweigsamen Kindern. Es eignet sich aber auch sehr gut zur Anwendung in Gruppen.

Imaginative Techniken

Behandlungen mit imaginativen Techniken sind uralt. Früher war Heilen Aufgabe der Schamanen, die sich dafür in Trance versetzen. So fanden sie Bilder, ob und wie der Patient zu heilen sei. Aber auch in der modernen Zeit werden immer wieder imaginative Techniken im psychologischen Kontext verwendet. Das autogene Training nach Johannes H. Schultz, die Psychodynamisch Imaginative Traumatherapie nach Luise Reddemann oder die Übungen der Psychosynthese nach Roberto Assagiolo sind nur die bekanntesten Beispiele dafür.

Ich selbst habe das autogene Training von meiner Mutter gegen Einschlafprobleme gezeigt bekommen. Heute wende ich das Konzept – gut verpackt in schöne Geschichten – immer dann an, wenn eines meiner Enkelkinder nicht einschlafen kann. Dann sind die Beinchen der Blütenfeen vom Tanzen müde und schwer, die Ärmchen vom Blüten-Streicheln ebenfalls schwer, und im Bauch ist die Sonne des Tages warm. Alternativ sind die Beinchen des kleinen Feuerwehrmannes schwer von Leiter-Steigen, die Arme vom Schlauch-Halten usw.

Krafttiere

In der Focusingarbeit finden Imaginationen zum Thema Schutz, Hilfe und Kraft häufig statt. Eine Möglichkeit ist es, sich mit dem Kind auf die Suche nach einem Krafttier zu machen.

Krafttiere stammen aus der schamanischen Arbeit. Der Schamane findet sein Krafttier bei einer Reise in die Unterwelt. Wie diese betreten wird, bestimmt der Praktizierende selbst: z. B. über einen imaginierten Höhleneingang, einen See, eine Spalte in der Erde. Bei der schamanischen Reise tauchen häufig mehrere Tiere auf, ein sicheres Erkennungszeichen für das Krafttier ist das dreimalige Auftreten desselben Tieres.

Bei der Verwendung von Krafttieren im Focusing wird das Krafttier über den Felt Sense gefunden. Während es sich im Schamanismus um real existierende Tiere handelt, kann im Focusing auch ein neues Tierwesen entstehen.

Ich ermutige die Kinder, Eigenschaften und Fähigkeiten nachzuspüren, die ihr Krafttier benötigt. Das Tier kann beispielsweise Flügel und vier Beine haben, einen ausgeprägten Geruchssinn und die Fähigkeit unterzutauchen. Alles, was hilft, dass das Kind sich sicher und geschützt fühlen kann, kann dem entstehenden Wesen verliehen werden. Dies bedeutet nicht, dass das Kind keine Vorsicht im Alltag mehr braucht, weil dieses Wesen alle Gefahren fernhält. Aber so ein Krafttier kann eine innere Festigkeit geben, welche die Durchsetzungskraft des Kindes so stärkt, dass es sich z. B. besser gegen Übergriffe wehren kann.

Ist das Krafttier ein real existierendes Tier, so ermutige ich die Kinder immer, sich mit diesem zu beschäftigen. Sie können darüber lesen, sich Videos suchen oder es sich gegebenenfalls auch real ansehen.

Schutz- und Helferwesen

Krafttiere sind nach Ansicht von Schamanen in der unteren Welt zu finden. In der oberen Welt findet man Schutz- und Helferwesen. Auch diese verschiedenen Wesen haben einen Platz im Focusing mit Kindern.

Wieder entstehen die Bilder und Wesen aus dem Felt Sense. Diesmal geht es von dem ausgewählten Ort in der Natur nach oben. Dabei kann sich ein Vogel zeigen, der das Kind auf dem Rücken trägt, oder ein Baum, an dem es hochklettert, oder etwas anderes, das dem Kind Zugang zur oberen Welt verschafft. Oben angekommen, wartet das Kind, was für Bilder sich zeigen. Die Frage, die es nach innen stellt, lautet: »Was für ein Schutz- oder Helferwesen brauche ich, was mag da zu mir kommen?«

Meistens sind es bei den Kindern Engelwesen, die sie auf der Suche nach Schutz finden. Durch die Kultur, in der sie aufwachsen und den Religionsunterricht in der Schule sind sie mit Engeln vertraut. Wichtig ist es aber, nicht bei dem allgemeinen »Engel« aufzuhören. Eigenschaften, Fähigkeiten und Attribute des Engels werden gemeinsam erkundet und beschrieben. Wenn das Kind mag, kann es diesen Engel am Ende malen. Das gefundene Schutzwesen sollte aber vor allem in der Imagination einen guten Ort in der Umgebung des Kindes finden. Ein Bezug zum eigenen Körper hilft, das Wesen wieder zu spüren. Es ist leichter,

z. B. die rechte Schulter bewusst wahrzunehmen und von dort aus zu dem Engel zu gelangen, der sich dann über der rechten Seite befindet.

Helferwesen entstammen bei den Kindern häufig der Film- und Fernsehwelt, wie Superman, Spiderman oder Einhörner und Feen.

Neben Schutzwesen imaginiere ich mit den Kindern auch Formen des Schutzes, die direkt mit dem kindlichen Körper zusammenhängen. Natürlich hat das Kind dann keine reale Rüstung an oder ein echtes Laserschwert in der Hand. Aber die Vorstellung solcher Objekte können das gesamte Auftreten so verändern, dass z. B. die Grenzen des Kindes eher respektiert werden.

Imaginative Reisen

In vielen indigenen Kulturen gab und gibt es die Tradition der Visionssuche. Hier begibt sich der Suchende in die Einsamkeit und versucht mit verschiedenen Methoden, wie Fasten oder Schlafentzug, in Trance zu kommen. So versucht er innere Bilder, Visionen für sich und seinen weiteren Lebensweg zu erzeugen. Auch wird nach speziellen Fähigkeiten bei unterschiedlichen Fragestellungen gesucht.

Im Focusing müssen wir für innere Bilder weder Fasten noch Schlafentzug praktizieren. Es genügt, sich mit der Aufmerksamkeit nach innen zu wenden und zu bemerken, wie und auf welche Weise sich der Körper äußert. Der Buchtitel »Dein Körper sagt dir, wer du werden kannst«[7] weist in diese Richtung. Ich leite Kinder und auch Erwachsene, mit denen ich ein eigenes Märchen schreiben will, zu ähnlichen inneren Reisen an.

7 Renn, Klaus: Dein Körper sagt dir, wer du werden kannst. Freiburg: Herder, überarbeitete und erweiterte Neuausgabe 2017.

Mit Fragen rege ich an, eine Landschaft entstehen zu lassen, sie zu bevölkern und dann Symbole und symbolische Hilfen auftauchen zu lassen. Von außen betrachtet, hat dies viel mit einer Fantasiereise gemein. Und ich denke auch, dass viele Kinder während einer Fantasiereise Focusing anwenden und ihre natürliche Fähigkeit, sich mit dem körperlich spürbaren Erleben zu verbinden, dort nutzen. Der deutliche Unterschied zu einer Fantasiereise ist in der Anleitung zu finden. Es ist die wesentlich geringere Lenkung der oder des Reisenden durch die Anleiter:in

In der Fantasiereise werden die Bausteine der Reise vorgegeben. Z. B. beginnt die Erzählung einer Fantasiereise, indem die Reisenden angeleitet werden, sich auf eine Wiese zu begeben. In der Focusinganleitung schlage ich vor: »Begib dich an einen Platz in der Natur, der dich jetzt gerade anzuziehen scheint oder sich passend anfühlt. Das kann hier in der Gegend sein, ganz weit weg, ein Ort, den es real gibt, oder einer, der einfach von innen heraus entsteht.«

In einer Fantasiereise würde z. B. ein alter Mann auftauchen, der dem oder der Reisenden eine Pflanze gibt, die neue Energie verleiht. In der Focusinghaltung wird angeleitet, dass irgendjemand auftaucht. Mit diesem Wesen treten wir dann möglicherweise in einen Dialog, und am Ende wird ein imaginäres Geschenk übergeben, das wiederum aus dem Felt Sense entsteht. Ob dies eine Umarmung, ein Wort, ein Gegenstand ist, all das wird nicht vorgegeben. Durch eine solche vorbereitende Reise kann ein eigenes Märchen eine Tiefe bekommen, die für lange Zeit Kraft gibt.

Selbstverständlich muss im Anschluss einer derartigen Focusingarbeit nicht immer geschrieben werden. In welcher Form der Ausdruck des Erlebten geschieht, ist letztlich die Entscheidung des Fokussierenden.

Der gute Ort

Eine zentrale Übung aus dem Focusing ist es, den guten Ort im Körper zu finden. Dies fällt den Kindern unterschiedlich leicht. Daher habe ich immer wieder erst einmal in der Welt des Kindes gute Orte gesucht. Dann konnten wir dort schon üben, die Qualitäten dieses Ortes zu bemerken und zu benennen. (Hierzu war es manchmal notwendig, den Wortschatz des Kindes zu erweitern.)

Eine Idee, was ein guter Ort im Außen ist, fand bisher jedes Kind. Dabei muss es an diesem Ort nicht gewesen sein, noch muss dieser Ort real existieren. Eine Insel z. B., die so ausgestattet ist, wie es gut wäre, können die Kinder sich in ihrer Fantasie ausmalen.

Gerne darf dieser Ort danach gestaltet werden, als Collage, gemalt oder in anderen Formen. Viel Freude und auch achtsame Hinwendung entsteht, wenn ich leere Schuhkartons benutze und viele Materialien wie Papiere, Stoffe, Knöpfe, Watte usw. zur Verfügung stelle. Dann kann im Karton ein guter Ort entstehen und wirklich sichtbar für das Kind werden. Hinterher ist es notwendig, mit dem Kind zu suchen, wo dieser Karton seinen Platz haben soll. Denn er sollte nicht achtlos beim Aufräumen und Saubermachen entsorgt werden.

Beim guten Ort im Inneren ist die Suche: »Wo im Körper ist es gerade angenehm?« Das kann in dieser positiven Formulierung geschehen oder in der Richtung »Wo ist es gerade am wenigsten schmerzhaft, unangenehm, aufgeregt …?«. Welche Formulierung ich wähle, hängt von dem Kind ab, mit dem ich gerade arbeite. Bei Gruppenanleitungen wähle ich immer die positive Formulierung. Es ist gut, Kinder nicht nur auf den Brust- und Bauchbereich aufmerksam zu machen. Ich habe bei stockender Suche öfter erlebt, dass über das Hobby des Kindes und damit zusammenhängende Körperpartien doch noch ein guter Ort gefunden werden kann. So ist es vor allem bei Jungen oft der Fuß, der im letzten Spiel ein Tor geschossen hat.

Ich möchte in diesem Zusammenhang noch auf die unterschiedlichen Einsatzmöglichkeiten des Malens hinweisen.

Es gibt zum einen das Malen zur Sicherung einer imaginativen Arbeit. Das ist bei den in diesem Kapitel beschriebenen Techniken meist der Fall. Natürlich finden beim Malen weitere kleine Prozesse statt, z. B. im Sinne des genauen Überprüfens einzelner Teile des Bildes und des eigenen Erlebens. Bei den Prozessen, die ich in anderen Kapiteln dieses Buches beschreibe, setzt das Malen hingegen sehr früh ein und ist Ausdruck des Prozesses.

Kreuzen

Gendlin selbst hat sich von Anfang an dafür ausgesprochen, Focusing mit anderen Therapiemethoden zu benutzen und dafür zu adaptieren. Er nennt das »Kreuzen«. In dem von Johannes Wiltschko herausgegebenen Band »Focusing und Philosophie« ist dem Kreuzen von Focusing in kognitive Therapien ein eigenes Kapitel gewidmet.

Im Deutschen Focusinginstitut (DFI) haben sich viele Menschen auf den Weg gemacht, Focusing in ihre Arbeitsfelder und Therapiemethoden hineinzutragen, einzukreuzen. Als Beispiele fallen mir systemische Therapie, Verhaltenstherapie, verschiedene Formen von Körperarbeit, Theaterpädagogik, bildende Kunst, Reittherapie, Poesietherapie und spirituelle Übungsformen ein. So entstehen neue Formen innerhalb des jeweiligen Arbeitsfeldes.

In der Verhaltenstherapie führt gerade das Einkreuzen von Focusing zu einer experimentellen, also erfahrungsbasierten Verhaltenstherapie.

Noch bevor ich in der Ausbildung gelernt habe, was Kreuzen ist, habe ich es schon getan. Immer wieder kommen Kinder mit dem Anliegen, mit einem bestimmten, störenden Verhalten aufhören zu können. Mein Anliegen ist es nicht, Symptome »wegzutherapieren«. Hat das Kind aber den Wunsch, sich etwas abzutrainieren, so unterstütze ich es dabei gerne.

Besonders gern arbeite ich mit dem Programm »Ich schaff's« von Ben Furmann. Der therapeutische Hintergrund dieses Programms ist lösungsorientiertes Arbeiten. Es beinhaltet verschiedene Schritte, die für mich unbedingt nach focusingorientiertem Arbeiten verlangen.

Ein Kind aus der dritten Klasse wurde zu mir geschickt, weil es sich an keine der Gesprächsregeln halten konnte. Das Kind war voll guten Willens und sein Vorsatz war: »Ich halte mich jetzt an alle Regeln.«

Bei »Ich schaff's« wird für das störende Verhalten eine imaginäre Person gesucht. So entstand das »Plappermaul«. Das Wesen war auf seine Art liebenswert und quicklebendig. Gleichzeitig war klar, dass es nicht durch einen allzu ehrgeizigen Vorsatz zum Verschwinden gebracht werden würde. Nachdem wir eine Weile das Plappermaul erkundet hatten, bat ich das Kind, sich vorzustellen, das Plappermaul-Problem wäre gelöst.

Das Kind strahlte: »Nie mehr Ärger wegen Reinrufen, das wäre toll!« Es konnte die Erleichterung im ganzen Körper spüren. Ich schlug vor, von dem Gefühl aus einen kleinen, ersten Schritt zu finden, der in Richtung dieses freien Körpergefühls führen würde. Das Kind schlug vor: »Ich melde mich jetzt immer, bevor ich rede.«

Ich würdigte diesen Vorsatz, der allerdings ein viel zu großer Schritt war. So lud ich das Kind ein, den Schritt kleiner zu machen. Diese Abfolge mussten wir mehrfach wiederholen.

Schließlich fand das Kind die Lösung, sich ein Erinnerungszeichen auf die Schulbank zu kleben. Das Erinnerungszeichen sollte ein kleines Bild vom Plappermaul sein, das noch in dieser Stunde entstand. Nun musste das Kind das Zeichen nur noch auf seinen Arbeitstisch kleben.

Das Programm sieht vor, dass Helfer aus der Peergroup gewählt werden. So beschloss das Kind, seinen Banknachbarn zu bitten, wortlos auf das Bild zu tippen, wenn es wieder zu impulsiv herausrief. Die beiden kleinen Schritte wollte es gleich tun: das Bild aufkleben und den Nachbarn um Hilfe bitten. Beides gelang und brachte kleine Erfolge. Dies gab dem Kind und mir den Freiraum, gelassen auch andere Themen anzusehen.

In einem Grundkurs für systemische Therapie lernte ich die Methode kennen, die Familie anhand von Kreisen aufzumalen. Hier ist der Klient eingeladen, sich selbst und dann die restlichen Familienmitglieder als Kreise auf ein Papier zu malen. Die Reihenfolge der Personen, die gemalt werden, sowie Größe und räumliches Verhältnis zueinander geben bereits Hinweise auf die Beziehungen im Familienverbund.

Auch dies lässt sich mühelos mit Focusing kreuzen, und ich hatte das Glück, dass die Seminarleiterin selbst viel Focusing in ihre systemische Arbeit einkreuzte.

Ein zehnjähriges Kind erzählte immer wieder von Personen, die sie »Papa«, »Oma«, »Opa« usw. benannte, davon gab es aber eine Vielzahl in ihrer Familie. Das Kind hatte mehrere Geschwister von jeweils unterschiedlichen Vätern, die Mutter lebt mit einem neuen »Papa« zusammen. Beim Zuhören war mir oft nicht klar, welcher Papa und welche Oma gerade gemeint waren. Daher schlug ich vor, zunächst zur Veranschaulichung, wer alles zum

Familiensystem dazugehörte, die Familie in Kreisen zu malen. Ich übernahm die Schreibarbeiten, das heißt das Beschriften der Kreise und der Reihenfolge des Aufzeichnens. Am Ende gab es sehr viele Kreise auf dem Blatt und sehr wichtige Eindrücke, die das Kind mit Unterstützung formulieren konnte. Wichtig und hilfreich für das Kind war, dass ich es immer wieder einlud zu spüren: »Wer gehört für dich noch zur Familie? Du entscheidest es, es geht gerade nicht darum, was die Mama sagt.« Denn diese hatte die getrennt lebenden Väter und deren Angehörige jeweils nach der Trennung für nicht mehr zugehörig erklärt. Für das Kind war das eigene Erleben aber anders.

Als stabilisierender Faktor für das Kind wurde eine der Großmütter deutlich. Sie war nicht die leibliche Oma des Kindes selbst, sondern eines Geschwisterkindes. Trotzdem war sie für das Kind eine sichere und verlässliche Bezugsperson.

Als Lehrerin war und ist mein Anliegen vor allem, auch Pädagogik mit Focusing zu kreuzen. Dabei spielt es keine Rolle, ob die Arbeit fachbezogen ist, Selbst- und Sozialkompetenz gefördert werden oder Werteerziehung stattfindet. In dem Moment, in dem ich den pädagogischen Dreiklang von Hand, Herz und Hirn um das Hinspüren erweitere, vertiefe ich das Lernen und arbeite wesentlich nachhaltiger.

Wie ich Freiraum-Schaffen in Mathematik praktiziere, habe ich im Kapitel »Freiraum schaffen durch Malen« beschrieben. Im Deutschunterricht kann ich mit Märchen, Geschichten und Gedichten arbeiten, wie im Kapitel über Bilderbücher und Geschichten beschrieben.

Im Rechtschreiben habe ich immer wieder bei einem individuell schwierigen Wort mit Focusing gearbeitet. Das Konzept an sich ist nicht neu: Durch Verbindung des geschriebenen Wortes mit einem Bild soll das rechtschriftliche Wortbild eingeprägt werden. Aber ich habe bemerkt, dass dies nicht gelingt, wenn ich das Bild vorgebe und das Kind keinen inneren Bezug dazu hat.

So habe ich in einem Förderkurs versucht zu erklären, dass »See« mit zwei e geschrieben wird, weil immer mehrere Enten auf einem See schwimmen, nie eine allein. Hatte das Bild aber keinen individuellen Erlebenshintergrund, so war es ganz schnell vergessen und der See wurde weiterhin mit einem e geschrieben. Eines der Kinder hatte aber schon oft mit Opa und Oma Enten gefüttert. Die zwei e standen stellvertretend für die beiden Großeltern. Dieses Kind konnte das Wort danach sicher schreiben.

Ich selbst hatte immer Schwierigkeiten mit dem Wort »Appetit«. Ich wusste, dass eine Konsonantenverdopplung enthalten ist, aber ich war mir nie sicher, wo diese stand. Also suchte ich, womit ich das Wort verbinde. Natürlich mit Essen, das war gleich klar. Nach einer Weile tauchte das innere Bild auf: ein Teller, neben dem rechts und links je ein Besteckteil liegt. Das i stellt den Teller da, die beiden t Messer und Gabel. Da ich ja wusste, dass eine Verdoppelung vorkommt, war klar, dass es p sein muss. Seit diesem Mini-Prozess kann ich das Wort ohne weitere Überlegungen richtig schreiben.

Ein Kind fand für sich beim Wort »Fahrrad«, dass es unbedingt zwei r braucht. R stand für Räder, und davon hat das Fahrrad zwei. Auf diese Art können einzelne »Lieblings-Schreibfehler« behoben werden.

Durch die Grundhaltung eignet sich Focusing besonders zum Kreuzen bei der Werteerziehung. Toleranz gegenüber Andersdenkenden ist einer dieser

Werte. Als Focusing-Trainerin habe ich hier bei Projekten mit Gruppen und Klassen gute Gelegenheiten. Ich plädiere dafür, in der präventiven Arbeit Focusing über lustvolle, spielerische Elemente einzuführen. Eine der grundlegenden Stunden im Klassenprojekt verbringe ich mit dem Essen von Schokolade. Dabei malt jedes Kind aus dem Felt Sense, wie es alles von Schokolade erlebt. Im schulischen Kontext hat das oft noch einmal eine ganz besondere Wirkung. Denn der Felt Sense entsteht ja in dem Bezug zur aktuellen Situation. Ein besonderes Geschenk ist es dann immer, wenn ein Kind keine Schokolade mag: Unangenehme Felt Senses werden viel schneller und leichter wahrgenommen. Das Kind muss natürlich nichts essen, darf aber so richtig genüsslich seine Abneigung malerisch ausdrücken. In der abschließenden Gesprächsrunde muss ich dann den Kindern keine Predigt über die Verschiedenartigkeit halten. Eine kleine Bemerkung, wie ein kurzes Aufblitzen eines Scheinwerfers, reicht aus. So haben einmal bei einem Projekt alle Jungs bei dem Schokoladenbild eine deutsche Flagge hinzugefügt. Es war die Zeit der Fußball-WM, und die deutsche Flagge war Ausdruck ihrer Freude. In der Klasse war etwas Gemeinsames, Neues entstanden. Oder zwei ganz enge Freunde haben völlig verschiedene Meinungen zu Schokolade. Ist das nicht spannend – auch bei Freunden gibt es Dinge, die jeder anders empfindet.

Bei den meisten Kindern ist Sport das beliebteste Fach. Hier kann so viel mehr geschehen als bloßes Austoben oder das Kennenlernen von Ballspielen, Geräten und Übungsabfolgen. Meine Beobachtung im Alltag war, dass die meisten Kinder sehr gerne auch einmal richtig schwere Dinge tragen. In einem Kurs über sensorische Integration habe ich dann gelernt, dass damit eine besondere Form der Selbstwahrnehmung (die propriozeptive Wahrnehmung) stimuliert wird. Zudem ist natürlich das Erleben »Ich bin stark, ich kann schwere Dinge bewegen« ein Ich-stärkendes Erlebnis. Aus diesen Überlegungen heraus begann ich, Sportpädagogik, Sonderpädagogik und Focusing zu kreuzen.

So habe ich z. B. den Geräteraum geöffnet und die Einladung war: »Ihr könnt alles nehmen, was ihr wollt. Baut euch gemeinsam oder in Gruppen eine sichere Behausung.« Ich hatte damals eine Klasse mit 16 Kindern. Sehr schnell teilten sich die Kinder auf mehrere Gruppen auf. Dann begann die Bauphase. Mit vereinten Kräften zerrten und zogen die Kinder auch die schwersten Geräte aus dem Vorraum. Ich war zwischen den Gruppen als TÜV unterwegs, um die Sicherheit der aufgebauten Kästen, Böcke und Barrenstangen zu überprüfen. Als alle Häuser und Höhlen eingerichtet waren, spielten die Kinder in ihnen. Ich war währenddessen wieder zwischen den Gruppen unterwegs und lud sie zu kleinen Spür-Übungen ein. »Wie ist es in diesem sicheren Haus?«; »Was nimmst du in diesem Haus wahr?«; »Gibt es ein Gefühl von Sicherheit oder Schutz hier in eurem Haus?«; »Kannst du auch in dir etwas von dem Schutz spüren?«

Am Ende der Stunde trafen wir uns im Kreis und sprachen über die Erfahrung. Natürlich gab es auch immer wieder unzufriedene Stimmen, denn einige der Kinder wollten im Sportunterricht vor allem Fußball spielen. Trotzdem hatte ich den Eindruck, dass sie während der Bau- und Spielphase sehr intensiv dabei waren. Dadurch konnte ich die Unzufriedenheit gut aushalten und anerkennen.

Vielleicht fragen Sie sich, was solche geringfügig anmutenden Anregungen bewirken sollen. Und es ist nicht so, dass ich mich das nicht selber auch frage. Aber dann fällt mir eine Liedzeile ein: »Das weiche Wasser höhlt den Stein.«

SCHLUSSWORT

Ich hatte das Glück, von den besten Lehrmeistern ausgebildet zu werden: den Kindern selbst. Manchmal waren sie geduldig mit mir, manchmal zornig und aufgebracht. Immer wieder durfte ich mit einem Kind oder einer Gruppe Sternstunden feiern, aber es gab auch Kinder, denen ich nicht weiterhelfen konnte. Die Gründe dafür sind so vielfältig wie die Kinder. Die sanfte, vorsichtige Arbeitsweise im Focusing gibt mir die Hoffnung, dass ich diesen Kindern kein zusätzliches Leid zugefügt habe.

In diesem Buch habe ich versucht, zusammenzutragen, was ich in all den Jahren mit und von den Kindern lernen durfte. Ich wünsche mir und Ihnen, dass Sie Teile davon nutzen können, davon ausgehend eigene Erfahrungen machen und zu neuen Einsichten kommen können.

ANHÄNGE

Diese Anhänge stehen Ihnen in DIN-A4 bzw. -A5 mit dem Code *37bm23* auch unter *https://www.arbor-online-center.de/begleitmaterial/* zum Herunterladen und Ausdrucken zur Verfügung. Aufgrund von Rückmeldungen aus der Praxis bieten wir dort Anhang 1 auch mit Text auf farsi (persisch) bzw. arabisch an.

Nutzungsbedingungen: Der Arbor Verlag gewährt den jeweiligen Käufern dieses Buches das nicht übertragbare Recht, die zu diesem Buch gehörigen Materialien herunterzuladen und zu bearbeiten bzw. anzuhören. Diese Lizenz gilt ausschließlich zum persönlichen Gebrauch und nur für die Käufer:innen dieses Buches. Diese Lizenz enthält nicht das Recht, die Materialien zum Zwecke des Weiterverkaufs, der Verbreitung oder zu jedem anderen Zweck zu vervielfältigen (in Form von Büchern, Broschüren, Artikeln, Video- oder Audiodateien, Blogs, Webseiten, Texten im Intranet, Filesharing, Handouts und Charts für Lesungen oder Workshops). Bitte holen Sie für eine Vervielfältigung zu diesen oder anderen Zwecken eine schriftliche Genehmigung des Arbor Verlags ein.

Anhang 1

BETTINA MARKONES

Von den äußeren und inneren Augen

Du hast zwei Augen im Kopf.
Mit diesen Augen kannst du
viele Dinge sehen.

Blumen, Menschen, Tiere, die
Sonne und vieles mehr.

Aber die Augen können nur sehen, was um uns herum ist. Das was in dir ist, können sie nicht sehen.

Aber du kannst dir vorstellen, dass deine Augen nach innen schauen.

In dir drinnen kannst du viele interessante Sachen entdecken.

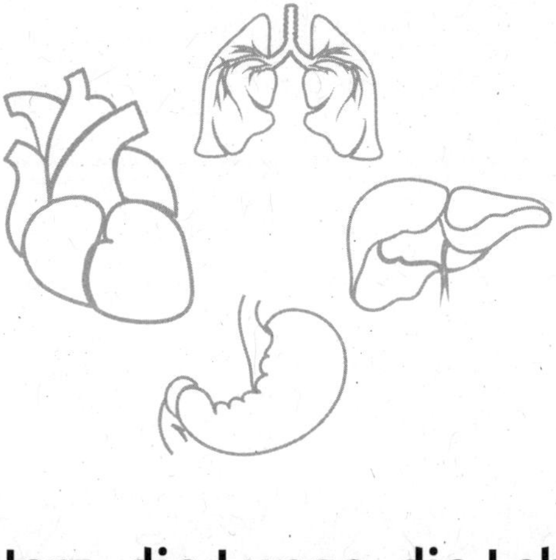

Das Herz, die Lunge, die Leber, die Nieren, die Blutgefäße und noch eine Menge anderer Dinge.

Aber wenn du genau hinschaust, dann kannst du noch ganz andere Dinge sehen.

Spür mal, ob da Liebe zu finden ist. Und du kannst sie malen, wenn du magst.

Oder gibt es bunte Wirbel voll
Fröhlichkeit?

Vielleicht ein rundes,
wohliges Gefühl.

Aber da könnte auch ein kleines, buntes Wutmännchen sein.

Oder ein farbiges Knäuel Sorgen

Vielleicht auch ein Stachel, der pikst.

Oder etwas ganz Dunkles

Magst du mal genau
in dich hinein sehen?

Alles, was du siehst, ist in Ordnung, es gibt nichts Falsches.

Es ist immer wieder spannend, nachzuschauen, was sich in dir drinnen befindet.

Es ist ein bisschen, wie Bilder ansehen.

Manche Kinder finden es auch gut, das, was sie sehen, dann auch aufzumalen.

Vielleicht magst du es
mal probieren?

Anhang 2

Tagebuch

Datum: ____________________

So war der Tag:

Darüber habe ich mich gefreut:

Das ist mir gut gelungen:

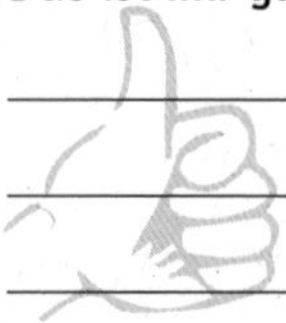

Eine Ermutigung von ______________

Tagebuch malen

Datum: ____________________

So war der Tag:

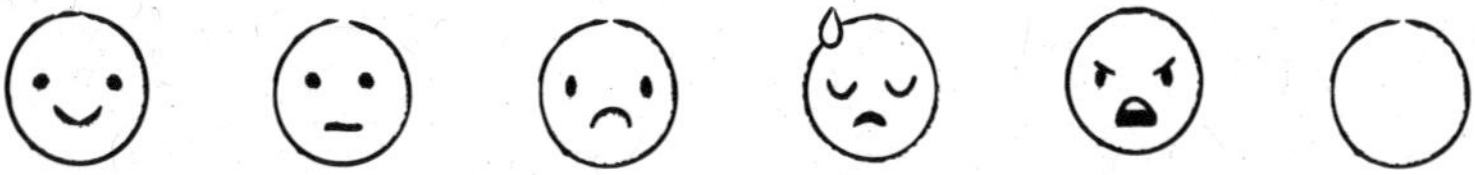

Darüber habe ich mich gefreut:

Das ist mir gut gelungen:

Eine Ermutigung von ______________

ÜBER DIE AUTORIN

Bettina Markones studierte Sonderpädagogik und war dann an unterschiedlichen Schultypen im Einsatz, zuerst als Klassenlehrerin an Förderschulen, später an Regelschulen als beratende Sonderschullehrerin. Hier unterstützte sie Lehrer:innen, Kinder und Eltern bei der Umsetzung von Integration und Inklusion.

Berufsbegleitend legte sie das Montessori-Diplom bei Klaus Kaul ab. 2001 lernte Bettina Markones Focusing kennen und absolvierte die gesamte Ausbildungsreihe zur Focusingtherapeutin (Deutsches Ausbildungsinstitut für Focusing und Focusingtherapie). Sie erhielt 2009 die Zertifizierung zur Focusingtherapeutin (DAF). Zeitgleich besuchte sie die Weiterbildungen zur Kinderfocusingtrainerin (Focusing Institute of New York) und Focusingtrainerin (DAF) und ließ sich auch hier zertifizieren.

Als Heilpraktikerin für Psychotherapie arbeitet Bettina Markones mit einzelnen Kindern in ihrer Praxis. Durch die Coronapandemie entdeckte sie onlinebasierte Formate als zusätzliche Ressource zur Unterstützung von Kindern.

Bereits 2007 begann Bettina Markones ihre Kenntnisse und Erfahrungen in Kursen weiterzugeben. Pädagog:innen und Psycholog:innen bildet sie als Lehrende des Deutschen Focusinginstitutes (DFI) in Focusing mit Kindern aus. Hier schuf sie mit Klaus Renn, dem Leiter des DFI die Möglichkeit, sich als Kinderfocusingbegleiterin zertifizieren zu lassen

Bettina Markones bildet sich fortlaufend weiter und ist so auch Coach für dynamische Stresslösung nach Peter Bergholz und hat den Grundkur in katathymen Bilderleben absolviert. Durch regelmäßige Zusammenarbei mit den Focusingkolleg:innen am DFI hat sie Kenntnisse aus der Theaterpädagogik, Kunsttherapie und anderen Verfahren.

Ihr persönliches Glück findet sie in ihrer Familie, besonders den Enkelkindern, sowie im aktiven Musizieren.

Weitere Literatur aus dem Arbor Verlag

SUSANNE KERSIG

Im Dialog mit dem Körper

Mit Focusing und Achtsamkeit
die Selbstheilungskräfte aktivieren

Susanne Kersig bringt komplexe Themen aus der Mind-Body-Medizin fundiert, lebendig und anschaulich auf den Punkt. Sie verbindet wissenschaftliche Erkenntnisse, praxistaugliche Übungsanleitungen und bewegende Fallbeispiele.

ISBN 978-3-86781-341-9

SUSANNE KERSIG

Freiraum finden bei Stress und Belastung

Das praktische Übungsbuch auf Basis von Focusing und Achtsamkeit

mit 4 Audio-Anleitungen zum Download
gesprochen von Susanne Kersig

Susanne Kersigs Botschaft ist so einfach wie hoffnungsvoll: Wenn wi lernen, konsequent einen Ort der Ruhe in uns zu finden, können Stres und Hektik uns nicht mehr so viel anhaben. Wir haben es selbst in de Hand, auch in anstrengenden Zeiten Abstand zu gewinnen und uns au dem Gefühls- und Gedankenkarussell zu befreien.

ISBN 978-3-86781-344-0

Mit geführten Übungen zum Download

ESTHER DE BRUIN,
ANNE FORMSMA & SUSAN BÖGELS

Mindful2Work – Das Übungsbuch

Effektives Training gegen Stress und Burnout mit Bewegung, Yoga und Achtsamkeit

Das Mindful2Work-Training bietet die Chance, in sechs Wochen einen neuen Umgang mit Stress bei der Arbeit (und im Leben überhaupt) zu erlernen. Eine einzigartige Mischung aus Bewegung an der frischen Luft, Yoga-Übungen und Achtsamkeitsmeditation bringt Körper, Geist und Seele wieder ins Gleichgewicht und stärkt die Konzentration. Sie lernen, stressige Situationen besser zu bewältigen und auch in turbulenten Zeiten gut für sich zu sorgen. Sie gewinnen Gelassenheit und das Gefühl, Ihr Leben wieder selbst in der Hand zu haben.

ISBN 978-3-86781-245-0

Arbor Verlagsprogramm

Umfangreiche Informationen zu unseren Themen, ausführliche Leseproben aller unserer Bücher, einen versandkostenfreien Bestellservice und unseren kostenlosen Newsletter. All das und mehr finden Sie auf unserer Website.

Mehr von Bettina Markones

www.arbor-verlag.de/bettina-markones

rbor Seminare

ie gemeinnützige *Arbor-Seminare gGmbH* organisiert regelmäßig eminare und Weiterbildungen mit führenden VertreterInnen achtsameitsbasierter Verfahren. Zudem informiert sie über aktuelle Entwicklunen in diesem Bereich und trägt Achtsamkeit auf diese Weise nachhaltig in ie Gesellschaft. Nähere Informationen finden Sie unter:

www.arbor-seminare.de

rbor Online-Center

lit dieser Plattform hat Arbor einen virtuellen Ort der Inspiration und es Lernens rund um das Thema Achtsamkeit geschaffen. Lernen Sie die utor:innen unserer Bücher und die Referent:innen unserer Veranstaltunen kennen: in Interviews, Vorträgen, Meditationsübungen, Webinaren, odcasts sowie Online-Kursen und zahlreichen weiteren Ressourcen.

www.arbor-online-center.de